街頭生存指南

城市狹縫求生兼作樂的第一堂課

寫在指南之前：街頭前輩教我們的事

是否曾有些崩潰、無助時刻，使你想拋下一切，收起包袱流浪去？

我們或多或少都對流浪寄予一些想像：流浪是一身輕便裝備，口袋不深但可用各種方式遊歷各國。流浪使人想起班雅明筆下的漫遊者，抽離自身觀察城市。隨機出沒的擺攤也是種流浪型態，甚至是兼備經濟自主的完美生活。

對於無所適從的當代青年而言，追求自由與不願被掌握是迫切無比的渴求。日常開銷、養家孝親、揹車房貸，我們嘗試儲蓄，日子卻除了壓力之外什麼都難以累積。流浪一詞，在現代生活擠壓之下，被認定為逃脫困境的出口。

然而流浪，可以成為一種選項嗎？

回答問題以前，我們必須指出，此時在台灣流浪的人們，大多數並非出於自願。二〇一四年四月，我們帶著一箱社運物資站多出來的包子到公園分享，因緣際會下進入了無家可歸議題，開始走近「住」在街頭上的人們：這位曾經旅居國外的大叔，在中風後失去工作和家庭；那位阿嬤每次見面都會抱怨被房東霸凌，使她大多時間寧願待在街頭找朋友聊天。熟識的街賣者有家可歸，不過一天有大半時間必須在街上販售彩券，讓他特別珍惜與附近店家所培養的默契情誼。而風起雲湧的社運與遊走法律邊緣的街賣其實有共通之處，都是人們被排擠至利益結構邊緣後，浮現至街頭，為生存奮力搏鬥。

在此契機之下，我們幾個來自各領域的菜鳥夥伴，組成了「人生百味」團隊，藉由街頭共食、翻新街賣商品等各種略帶惡搞的群眾計畫，試圖拉著大眾貼近過往因不熟悉而產生距離感，甚至被直接貼上負面標籤的街頭生存者們。

當停下腳步觀察，街頭上的百種樣貌才逐漸浮現：無論行走、工作、或暫棲，人們共同存在於看似開放的空間，實際卻難以遁逃、脫離，每個無牆遮蔽的角落都暗藏了許多限制、艱難以及心酸。所謂的公共場合，原來並非每個人都能使用，驅趕、潑水、霸凌等等隱憂如影隨行。所謂流浪，並不如同字面上那般瀟灑。然而，這不代表街頭生存全然只剩苦澀。

長期在此的人們，逐漸培養出各種跳脫法律、制度的生活型態，尋覓狹縫生存並且生活：車站的無家者與在地執法單位發展出默契，幾點可落地休息，幾點須整理家當讓路給行人。熱心的大哥大姐時常互相走告哪裡有東西可領，經驗老道點的人甚至能點評細數每個單位的物資品質，邊順手幫未到的朋友多留一份。

街上的人或許曾經被社群捨棄，或捨棄了社群，卻在流浪過程中，重新建立起新的連結網絡與資訊管道。就算再年輕力壯的人，初次進入街頭若沒有這樣疏密有致的網絡支撐，也相當難以生存。

是在聽過千百則在街頭謀求生存的故事之後，才驚覺那道「有家無家」、「強勢弱勢」的分界，其實相當模糊而流動：一些人的咎由自取背後，隱藏了許多悲傷成因；一些人看來處於弱勢狀態、亟需他人付出同情，但當事者求的只是受到尊重與不被干擾的生活。

街頭百態赤裸裸地被群眾盡收眼底，幾乎無處可躲。相較之下，街頭上的需求卻又太過隱形，難以在片刻接觸後就快速理解。街上的人們就如同每一個平凡又獨立的你我，擁有各自苦惱、可恨，與可愛之處。

流浪漢、遊民、街友，不管如何更換稱呼，街上露宿的身影長久以來承受著各種來自遠端的指責，或甚至指導「你太懶惰了，該認真找份工作」、「你要好好整理儀容，別人才會尊重你」——已經有太多人教無家者該怎麼做；是時候，改由無家者教大眾該怎麼做了——讓我們走入街頭，聆聽街上人們的智慧。

《街頭生存指南》一開始將以惡趣味的方式盤點生存素材，蒐集各種情境下的使用者經驗，解放對於資源共享的想像。「前輩踹共」記錄街頭老手的豐富經驗，以及隱含在背後的種種掙扎，反思主流價值在當代人們身上留下的痕跡。最後，「關於（資源），我想說的是」是對於議題進一步延伸，爬梳街頭生存的脈絡，進一步探尋如何敞開心胸，與過往曾擦身而過的身影建立友善關係，從更靠近源頭的地方阻止人們從日常生活失足後向下無盡墜落。

或者，這本書也能從另一個角度閱讀，你可以將指南方向視為一種趣味性挑戰，哪裡領便當、如何尋找今日睡處、在都市中尋求水源，都是如何善用有限資源活得精實的試煉。我們有越多種生活的方式可供選擇，就越少人會被拋棄、苛求。

還原街頭生存的立體面向如此重要——那使一個人的樣貌、一個時代的形成，得以完整呈現。當我們能明白看似難解的結構，其實每一個小環節都是由個人組成，就能理解那些乍看不合理的判斷背後，隱含著多少背景與故事，而在這喧囂的時代中，我們並非如此孤獨無助。甚至還會有機會，能即時扶起失足的人們。

灰色地帶的光，還有某些程度的乾淨與秩序

被大眾視為髒亂、危險的街頭，此時此刻卻正容納著一群人，在明文劃分的條例空隙之間，生存者們透過本能、經驗以及結伴，不斷磨合如何與生存場域共存，也激發出更多可能性與創造力。如同海明威的小說中所說：空無之中，渾沌之中，人們需要的不過是光，還有某些程度的乾淨與秩序罷了。

我們希望在多元的社會之中，每個位置都可讓人暫棲，每個選項皆被平等看待。只要增加多一些選擇，撐開多一點空間，便能使少一點人被排除在外。

於是，是時候開啟探索的第一章了：

我們嚮往流浪的自由，卻同時恐懼流浪的未知。而此刻正流浪的人們，又過著什麼樣的生活呢？

目次

生

生存生存，多少窮忙假汝之名

那個阿北已經在車站進駐滿兩週了。

白天時，阿北會和載滿家當的腳踏車一同消失，直到深夜才回來，通常手上會端個便當或泡麵。身上的衣服總是同一件，但並不像電影那樣髒亂，而是相當普通的POLO衫跟運動褲，不說的話，混在往來頻繁的人潮中也不會被發現。

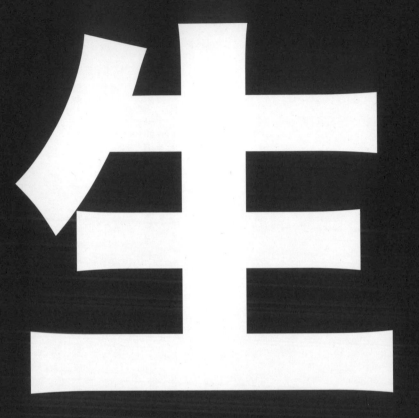

觀察了阿北一段時間，他是從哪裡來的？為什麼會睡在路邊？家庭呢，都沒人照顧了嗎？不過實在看不出個所以然，日子一久便也放棄了。甚至偶爾加班晚歸時，看到阿北閒適地坐在地上喝著酒，心裡還會有點不平衡，喂喂，我可是每天努力工作吶，怎麼你什麼都不做，看起來還比我過得快活？

當人們將都市比喻成一片叢林時，卻只將生存法則聚焦在狩獵與競爭：必須成為群體之間的領導，否則只能被歸納成魯蛇，吃著別人剩下的廚餘。但若都市真的是座叢林，採集、種植、合作甚至逃脫等等，都是不可或缺的技能，不靠打打殺殺不代表人家是邊緣人！叢林越具備更多元立體的樣貌，便可讓每個獨一無二的生物，無論面臨哪種疑難雜症都有機會存活，不被

存

輕易淘汰。

在名為都市的叢林，阿北使用了哪些技能度日？而卡在生存與生活間，不上不下的你我呢？

街頭生存者身上滿懷著經驗和故事，在這裡，他們才是導師：挖掘水泥叢林的祕境資源，找到水源、食物以及睡覺落腳處。這些百萬年來維持生命的基本條件，今日卻必須以金錢才能換取。所謂的狹縫中求生，此刻正敞開另一種可能，向著對制式生活早已疲乏而感到質疑的人們招手。

阿北的身影，彷彿正朝向現代人喊話：吶，你也正被現實社會壓榨排擠吧？

可以的，我們一起撐開更多生存的選擇！

食物

如果吃不飽，就沒有然後了

談到尋找生存必須品：食物，人們直接聯想到的畫面通常是野外求生電影演出的叢林打獵或下海捕魚。但在都市裡，被丟棄的料理或生鮮食材處處有跡可循，隨心留意就能免於挨餓。

台灣尚未針對丟棄食物進行管制，因此從商店、市場、餐廳甚至到垃圾桶，都有很大機會能取得剩食。雖然說是剩食，其實完好的餐點不在少數。有些店家礙於奧客壓力常需要準備額外食材，有些則遵奉著消費主義，不斷把貨架商品補好補滿。聯合國統計出，全球每年浪費約十三億公噸的食物，意味著有三分之一的食材剛生產出來就注定會被丟棄。從此看來，撿拾免費食物並非不勞而獲，反倒重新審視了過度浪費與分配不均等議題。

不過，偶爾沒有收穫也別擔心，一些熱心餐廳跟非營利組織提供了固定供餐協助。街頭生存背後的理由百百種，但不變法則就是吃飽了，再上！

評比標準——

不看說明，誤你一生！

取得門檻

交通是否方便到達，需要出示證明或付出勞力交換等各種門檻限制。

穩定提供度

每週能固定供給的次數與時間，免操煩的下一餐可是街頭小確幸。

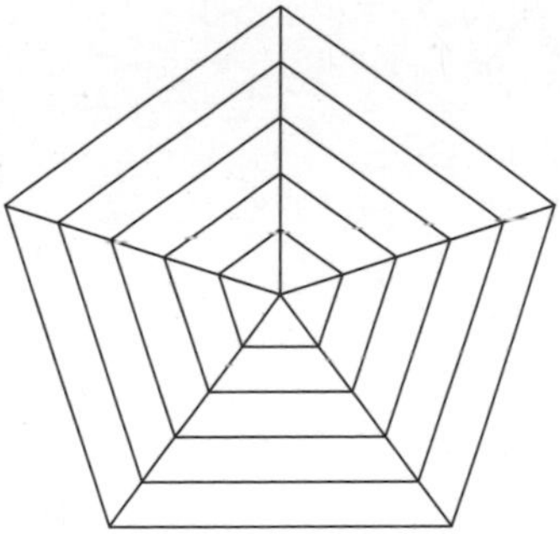

用餐氛圍

吃飯時的氣氛取決於是否有朋友相伴、溫馨自在感以及拿到餐時的心情好不好。

開箱驚喜度

餐點內容的變換頻率，默默培養出了街頭冒險家勇於嘗試的精神！

菜色多樣性

吃葷吃素、宗教信仰以及營養均衡，用餐需求就跟人的個性一樣百百種。

資源點 教會

評比

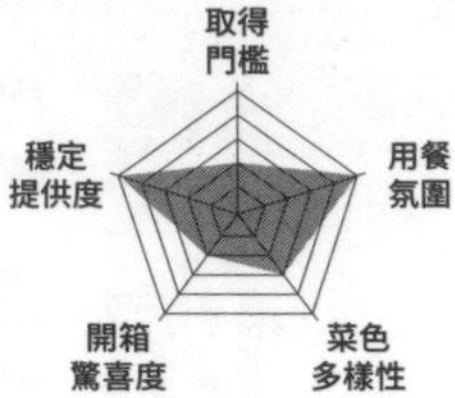

下午五點，陸續有人緩緩走入教會，在長椅上坐定。

秉持著神愛世人的精神，幾間以扶弱為目標的中心，提供了為寒士供餐的服務，一週五天，有午晚兩餐。有需要的人只要進到教會聆聽佈道，在禱告後便可排隊領取餐點。雖然因非營利組織營運辛苦，較難設置在交通便捷的熱鬧地段，但教會的溫暖與親切仍讓人願意不遠千里特別來訪。

這裡的每日餐點皆是由曾經在餐廳、小吃店擔任廚師的街頭生存者，在坪數不大的廚房中一展身手、共同料理。不會做菜也沒關係，搬桌椅、打菜、洗碗，各種志工工作都能讓你交換食宿兼練身體。

無論遭遇什麼樣的狀況，教會都願意協助溫飽。傳道看著我們這群創業中的團隊夥伴，同樣溫柔地說，下次可以來一起吃飯。人們常說大都市冷漠，但在各個角落仍有溫暖的火光，為需要的人燃燒照明著。

使用者心得

阿智
25歲，流浪體驗營學員

教會的外表就像一般平房，沒有宏偉明顯的裝潢，讓非教友的人不會感覺到慌張。對幾乎是第一次踏入教會的我來說，又大又舊的十字架、坐在座位等聽講道的大叔、被讀過無數次的破舊聖經，配上牧師在台上用台語佈道，簡直是置身電影場景中。

聽街頭老師說，一定要聽完佈道才能領餐，沒聽的要讓有聽的人先領，這是潛規矩。在牧師最後的禱告聲「阿們」後，大家熟門熟路地排隊到後頭領餐，三盤大鍋菜加一桶白飯放在桌上，由教會志工們打菜。天啊，是麻油雞湯！再配上兩種滷菜，分別是花椰菜跟空心菜，雖然煮得有點過軟，但聽說都是由住在裡面的教友自己出力烹飪，突然就感覺到滿滿的溫馨。

阿德
27歲，創業者

我吃過三間教會的餐點，其中一次的菜色還不錯，裡面有道滷肉，但也有幾次感覺是加熱過兩三次的大鍋菜，在想是不是那時捐菜的人比較少。大家會在聽完傳道後自動自發排隊，也有些人會擔任志工幫忙打菜。而且教會都會講求環保，要求來吃飯的人盡量自備餐具，我覺得這點非常不錯！

但用餐環境差異滿大的，有些教會明亮舒適，但有些教會則格局較窄較深，有點悶熱，所以有些人會選擇拿完餐點後走到外面吃。但感覺得出來各單位都有相當大的經濟壓力，希望能有更多資源投入，讓有需要的人一直有地方好好吃飯吶。

資源點 車站

評比

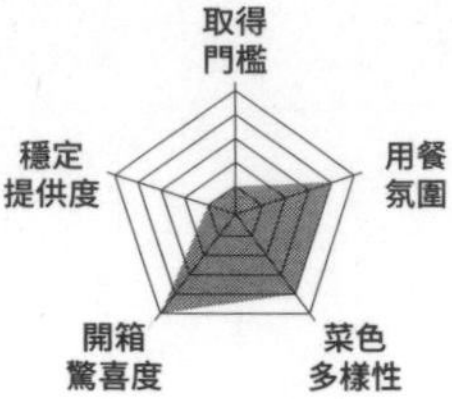

人來人往的車站由於交通方便、生活機能設備充足，因而成為了街頭生存者們露宿與通勤往返的基地。許多人結束一日工作後，入夜便回到車站休息，直到隔天清早才又匆匆離去。這樣的聚落組成，使熱心團體與公民組織有物資時，第一時間就是想到來此分送。初一十五佛教團體會帶來素食便當，傳統節日不少人會發起送粽子、月餅、湯圓等等節慶餐點到街頭，而食物銀行則是固定每週會在車站外一角提供店家捐贈的即期麵包，熟門熟路的街頭生存者會早早來排隊等待。

乍聽之下車站資源豐盛，但其實送餐並非穩定的食物來源，因為目前各團體之間尚無相互協調送餐時間，常有重複送餐或整天沒有餐點的狀況。另外，對於落腳在較外圍的人——尤其行動不便者，取得食物的機率又更低，因此車站的無家者不會完全賴此維生。

最近除了送餐之外，也有人嘗試將有趣的活動帶入街頭，例如現場彈奏吉他唱歌，或席地而坐與無家者共食聊天。交流，或許也帶來了心靈層面上的飽足。

使用者心得

陳大哥

歲數未知，車站住民

我現在患有糖尿病，需要定期回去複診，所以很多東西不能吃，像是口味比較重的便當菜色，尤其不能吃米飯、甚至水果等等。大眾想到為寒士送餐，通常會覺得送便當最好，因為份量可以吃得比較飽。但其實街頭免費發放的便當，我都只能挑些肉和菜來吃。不過，我現在有在做事，還有些收入，所以也會自己去買適合自己的食物。

莊大哥

44歲，車站住民

這邊經常都會有人來發便當啊，一個月至少十天吧——每個禮拜五中午、禮拜六晚上，加上初一十五，都有廟來發素便當，有時還有麵包喔。我喜歡吃素，所以都會去拿。平日有時也有其他團體或個人來派食物，有個男生就常來。啊，其實一個小時前才有個女明星來發便當耶！她一週至少來三次，每次來都會先發給我。我本來不認識她，她來的幾次我都在睡覺，只是感覺到有人把便當放在身邊。後來在網路上看到新聞，才知道原來是她給的。欸你看，這個便當不便宜餒，有雞腿有菜，份量很大，在台北至少都要九十元吧，在車站裡面買可能就要一百二十元了。

我平時是做營建工程的，自己有收入啦，平日都在工地吃，不是靠這邊的食物維生的。有時有人來派宵夜時，我已經要睡了，就會拒絕他們。住在這裡、沒租房子只是不想錢被別人賺掉啊。車站裡賣的台鐵便當跟泡麵我都吃膩了，所以有時也會去教會拿食物，因為那邊很好吃啊！

資源點

待用餐

評比

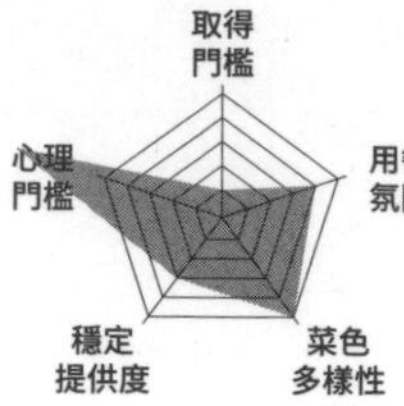

待用餐點是較少人接觸的一項街頭免費資源，通常由顧客預付餐點費用，再無償提供給後續有需要者享用。有加入待用餐服務的餐廳，在門口或內牆，通常有個板子寫著今日尚餘多少待用餐盒。

待用餐種類繁多，從飲料、小吃、麵包、便當甚至義大利麵，充飢飽食，吃的喝的，應有盡有。二〇一三年以來，全台提供待用餐點的店家已超過五百家，分布位置從繁華街頭到校園周邊。

領取餐點的資格一般得靠老闆主觀斟酌，但大多數店面都是來者不拒——取用者通常不會被拒絕。待用餐的取得門檻雖然低，卻有著極高的使用心理門檻，開口領便當，對有需求的人來說並不是一件容易、理所當然的事，所以許多待用餐廳的預付者都比領取人多得多。

因此，一些餐廳想出了「待用餐券」的辦法，餐券掛在店內，讓需要者不需開口，自行撕下交給老闆，即可拿到一份熱騰騰的便當。

待用的意義因而無需言傳，在無聲中各自領會。

使用者心得

阿誠 21歲，學生

校園旁的自助餐廳就有提供待用餐券。在這裡拿便當不需要有清寒證明之類的，只要領取前到相關行政單位填寫名字即可，一天只能拿一次。但其實很少人去拿，每次都只有我在填表格。

我覺得這是一項很棒的服務，有需求的人就可以去拿。雖然便當的菜色不可以選擇，老闆或許也會多給一些當天賣不太出去的菜色，但如果不挑食的話，每週五天還是可以省下三百五十元。

阿玲 22歲，學生

第一次拿待用餐券時，是因為跨國銀行卡出問題，戶頭只剩三百元提領不出來。曾聽聞學校旁的自助餐廳可以領便當，就想去試試看。第一次到生活事務組填表格時，心情是非常忐忑的。戰戰兢兢地向老師要表格，還不小心踢了辦公桌一下。

我其實是店內常客，但也是那天才知道，原來待用便當要老闆親自收券拿菜。跟老闆眼神交會的時候，忽然覺得非常不好意思，畢竟自己乍看之下完全不像有需要的人，感覺自己在浪費大家的資源。

拿到便當的時候，我覺得非常驚喜及溫暖，老闆依舊給了我許多蔬菜、一大塊肉、甚至還有水果。後來戶頭恢復正常、經濟不再拮据的時候，我也到店裡預付了一份待用餐點費。這對於未曾捐贈的我來說，也需要莫大的勇氣，這又是另一則故事了。

百味特搜

垃圾桶

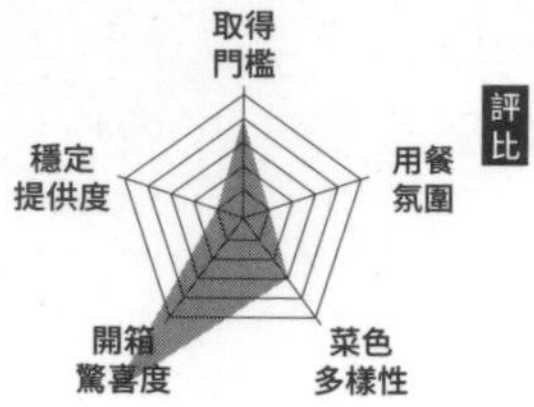

「空屋筆記：免費的自由」

垃圾桶覓食雖然充滿風險且非一定必要，但我真的希望你有天要找個垃圾桶，然後看看裡頭的樣子。你不需要拿任何東西回家，也不需要跳進去裡頭。就為了你自己看一眼就好。垃圾桶也許會被鎖起來，或者是空的，所以多試幾個地方。

你只要看過一次裝了滿滿食物的垃圾桶，你的人生就會永遠改變了。

垃圾桶？乍聽之下你可能會覺得，噁，這是在惡搞嗎？

但在城市，越多人來人往的熱鬧地段，便越多在完整狀態下被丟棄的食物，不同地點產生了各種形式、菜色的剩食。夜市的垃圾桶裡常有各種炸物、滷味與小吃，不少人每種食物都想買來嘗鮮，遇到不喜歡的便直接丟棄，常常這些小吃都只吃了一兩口，狀況還算不錯，但打撈時需要格外小心竹籤等暗器；車站的垃圾桶裡則常見各種品牌店家的便當，許多旅客為了趕時間，會將吃到一半的餐盒隨手丟棄。

雖然種類繽紛，但各地垃圾桶的共通點是食物量與品質皆相當不穩定，大多數人並不會以此資源點作為用餐首選。不過，生存前輩仍熱心教學，若真有心想挖掘出專屬自己的一餐，又怕引來側目，可以使出「我是要撿來餵狗」這完美的藉口掩人耳目。

「空屋筆記」部落格的作者宗翰曾分享，他在克羅埃西亞當交換學生時，與一群被稱為嬉皮的反消費主義者（Freegan）生活，常與大家一起到城市裡蒐集食物。那個時候才發現，即便在這個經濟狀況比台灣還差的國家，每天仍然有非常巨量的食物被浪費掉。他跟著夥伴走到大賣場後頭，發現垃圾桶裡頭竟塞滿了成堆完整可食的食物。垃圾桶覓食（dumpster diving）在各國皆行之有年，令人驚訝的是，我們常以為翻找垃圾是最後一道保衛生存的手段，但對更多倡議人士而言，挖出垃圾桶內完整的食物，更是為了對照飢餓人口，揭露如此強烈的諷刺。

許多果實在收成前，便已註定被計畫性淘汰。往垃圾桶看看吧，至少該有人記得它們的樣貌。

街頭生存小撇步

街頭節氣飲食

自古人們便有順應節氣飲食的概念，而生存老手都知道，在街頭，配合民間習俗與特定活動，各時節也同樣有對應的美食。來場街頭節氣飲食巡禮吧，晚來可就搶不到了！

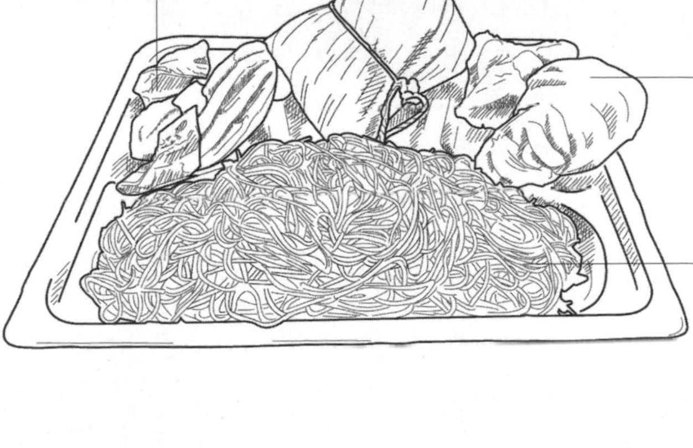

素菜
農曆每月初一十五，宗教團體免費在車站分享的素食，環保美味兼養生！

應景肉粽
每逢端午便有各縣市社會處或地方人士廣發粽子，街頭也瀰漫著過節氣息。

澎湃尾牙
歲末年終常有專為寒士舉辦的尾牙辦桌，吃飽暖身，有時還有紅包可領呢。

米粉
選舉旺季裡，造勢晚會不可或缺的美食，肚子餓了嗎？拉張椅子來現場開伙吧！

阿仁伯

前輩踹共：身為職業生存者①

「厚，現在的人實在足討債（浪費）欸！」阿仁伯聊起在垃圾桶發現的食物，口氣夾雜著憐惜與不平。「我不會騙人，那些都是很好，沒壞的食物。」

若非是深夜回到車站，鋪起紙板準備就寢，平時穿著乾淨清爽的阿仁伯，不管走在路上或坐在公園時，都難被發現他已在街上漂泊數年。每天，阿仁伯堅持走到車站對面的公園棚子洗澡，即便在寒冷冬天，三兩天也一定會去洗次冷水。他笑說，這樣可以強身啦。閒聊過程中，阿仁伯忽然戴起口罩，正當擔心他是否得了感冒時，阿北告訴我們，是怕講太多話噴口水啦，這樣不太禮貌也不衛生。

對清潔品質如此講究的人，實在難以與徒手挖找垃圾桶的畫面作聯想。阿仁伯解釋，其實大多時候，他的食物來源都是善心團體在車站發送的餐點，只不過時間相當不固定。有時一天會收到四五餐，有時則可能一個便當都沒有。正好在我們來訪前不久，才有佛教團體送了初一十五固定發放的素食便當。好奇詢問旁邊的大叔可否借看，他二話不說大方地打開：四款素菜、小撮菜脯擺放在白飯上，旁邊還附了一顆紅棗，看起來清爽豐富。阿仁伯則把便當小心收到背後，開心吃起我們分享的水果：「我最喜歡吃水果了，可以舒緩牙周病。但應該是比較貴，這裡很少人會送。」

挖掘垃圾桶對阿仁伯而言，更像是場社會實驗。

剛開始流浪時，他曾見過有人把整包水果丟在垃圾桶上面，雖然很想補充營養，但卻無法提起勇氣拿取。後來才聽其他街上的人說，那些食物都是有人吃不下或不想吃的，不知道如何是好，便把東西放在垃圾桶上，讓想拿的人拿。阿仁伯嘗試拿過一次後，發現裡面的許多食物狀態都十分良好，品項除了餅乾糖果外，還有各式各樣的水果，「芭樂啦，偷媽偷（番茄）啦，葡萄啦，沒壞就直接丟掉，足討債欸。」

「浪費」的台語有許多種說法，分別表達惋惜或不值等等情緒。而阿仁伯使用的「討債」則深具批判意味：傳統民俗中認為人的一生，就是延續上輩子、積累下輩子的討債與還債。上輩子討多了，下輩子便得要還。從此之後，阿仁伯開始，將垃圾桶中仍舊完好可用的食物一一拾起。他分享說，曾經撿過一個被丟棄在桶內的肉餅，請超商幫忙微波後香味四溢，甚至引來朋友想分一口。

「那個肉餅真的很香，很好吃。」阿仁伯臉上浮起微笑，彷彿想起本來被丟棄的肉餅，微波後再次重生的美味。肯定是相當難忘的好滋味吧，怎麼會有人捨得丟棄呢？

眼前這位衣著整齊、精神飽滿的長者，也曾經有著一段被捨棄的難過往事。

阿仁伯生在做田人家，因為不喜歡農務而選擇到手套工廠做工。後來不堪長期維持同一姿勢造成身體不適，四十幾歲時改到台北想找份工作，最後落腳在自助餐店，擔任切菜手。

初入行的阿仁伯，雖然從未有烹飪經驗，但卻相當認真，只要一站到廚房便不跟人說話，沈默練習著刀工，「我都拜託別人不要跟我講話，不講話都會切到手了，講話還得了。」他笑著說，邊比出切菜手勢。用了半年時間學會切菜，之後又開始練習速度。

在不斷練習下，阿仁伯成為切菜高手，一天可以切四、五百斤的菜，什麼種類的食材與形狀都難不了他。「我的速度可是當時全台北自助餐店前三名呢！」老伯驕傲地微微挺起胸膛，眼神發光。由於工時過長與高溫高壓的環境，使餐飲成為流動率相當大的產業，阿仁伯在自助餐工作期間，周圍的同事不斷變換，加上專注於精進刀功，他的人際互動幾乎靜止。但也曾有炒菜師傅賞識這股認真的氣魄，邀請阿仁伯進入廚房學習料理，「但廚房實在太熱，我連站一下就頭昏了，怎麼學做菜？」老伯感慨說，「要是我那時沒放棄，現在至少還可以經營點小生意吧。」

又過了幾年，阿仁伯因與當時的主廚不合而離職，接連換了五六間餐廳。據說曾有一次在鬧區騎樓下的麵攤面試成為助手，工作幾週後，某天正在切小菜時，周圍忽然圍上一群人，「我嚇一跳想說發生什麼事，」正當我們也跟著緊張之際，「麵攤老闆娘說，他們是來看我切滷菜的啦！」看來俐落的手腳也曾讓阿仁伯風光了好一陣子。老伯聊起廚房裡的種種回憶，內場喧囂、爐火轟隆，還有那清脆快速的切菜聲。

之後呢，快手阿仁伯是否闖蕩出了更多傳奇的故事？

在六十歲時，餐廳的老闆以「年紀太大，怕你在廚房滑倒」為理由，辭退了阿仁伯。他鍥而不捨地連續投了幾家餐廳履歷，卻都因年齡考量被拒絕。「我明明身體很好吶，都沒生病過，怎麼大家都說我不行了？」找不到頭路，曾想轉做古董買賣卻又生意失敗；加上雙親與唯一的哥哥皆已往生，獨身無人依靠之下，曾經在廚房專注切菜的身影，如今只有紙板與行李箱陪伴。

阿仁伯細心教導我們如何辨認食物可不可食：「開始流湯的千萬不能吃」、「我每次要吃前一定會拿去洗」、「那種被咬過的不要碰比較好，怕得病」，他說，你湊近點聞聞，那些看起來不完好的果實，可能只是沾了髒污，沒有發酸，它們就還能吃。清除掉那些髒汙，沒有發酸就還能吃，就還有營養。而人呢？是否也能被同樣包容、珍惜地捧在手中。

阿仁伯喃喃自語道，真的好想再去餐廳切菜啊，就算只有半天也好。切菜的手勢又再次舉在空中，剁呀剁的。刀與砧板的清脆聲響混合著肉餅的鹹鹹香氣，輾轉被街頭吞噬，成為了繁華城市中，一坪落寞的小角。

延伸議題

關於免費食物，我想說的其實是

「食物在街頭是我們最不缺的資源。」

阿北嚼著大家用整個下午精心料理的金瓜冬粉，邊毫不客氣地潑了在場每個人一大桶冷水。

二〇一四年夥伴們在心血來潮之下發起了石頭湯計畫，最初純粹希望透過募集家戶多出來的食材，做成料理後帶到街頭，讓無家者不必挨餓。如同童話故事中走入村莊的外地人孑然一身，團隊沒有食物、廚房、鍋碗（是的，我們甚至連顆石頭也沒有），在龐大到難以置信的群眾力量下，石頭湯計畫至今已成為穩定行動：每個月最後一個週末，會有十五到二十位的參與者齊聚，我們利用從餐廳、市場、家戶蒐集到的各類食材，現場發想與製作切合時令的料理，並在當晚帶到台北街頭，與無家者共同享用一餐。

石頭湯看來結合資源再分配與減少食物浪費，是個再簡單不過的直觀計畫。我們卻在第一次帶著料理走入街頭時，受到不小的震撼與印象顛覆。例如NGO的工作者，建議我們晚上九點左右再到車站進行分享。為什麼要這麼晚才送餐，難道大家不會餓嗎？原來超過七成以上的無家者都有工作，但由於大多是長工時也須來回奔波的臨時性工作（通常也包含著高風險與不穩定），回到休息點時幾乎已入夜。協會的資深社工在了解石頭湯的計畫用意後，邀請我們參加了當時仍祕密進行中的街遊導覽員練習。這是我們第一次與無家者深入聊天，才發現許多偏頗、錯誤的標籤亟待撕除，以及那些從未被正視，所謂「偏差行為」背後的成因。

當今日社群與社群之間，受限於片面資訊與單方視角，便容易產生認知落差；而藉由一時半刻的眼見為憑，有時甚至更直接地加速誤會生成。聽朋友說過，他不少次撞見街頭上的人「浪費食物」：「那個大叔只把雞腿夾起來，直接丟掉剩下的便當。」這樣聽起來真的很要不得吶。直到有天，社工師告訴我們，許多供餐團體並未相互協調時間，加上到了特定節慶活動又容易增加臨時送餐，街頭的人們有時好幾日苦無一餐，有時則是一天收到七八份餐盒。當因物資過多而選擇性挑食，或有人將資源轉賣，這一幕剛好落入旁觀者的視線，便被名正言順解讀為「浪費」、「不知好歹」。想起自己也曾在街頭靜坐時，因為不餓婉拒了熱心店家捐贈的麵包而被調侃，「你們怎麼這麼挑啊。」雖然店家老闆語氣輕鬆，至今回想起來，仍覺得有些許不適。

同時，因為募集剩餘食材，我們才真正看清了浪費背後的巨大連鎖反應。環保署二○一六年統計，台灣平均每人每年丟棄了一百一十八公斤的食物。說到剩食，記憶中所能擷取到最貼近生活的畫面，不脫是追趕垃圾車時車尾桶內的酸臭，以及聚餐尾聲朋友間推託半天的杯盤狼藉。但其實石頭湯募集到的食材，大多時候都相當完好、美味，甚至新鮮。攤商無奈地說，消費者喜歡鮮豔飽滿的外型，每日進貨的蔬果幾乎無法留到隔日販售；餐廳業者告訴我們，為了滿足顧客的視覺與口味，邊肉、蛋白與吐司邊時常成為必須割捨的剩料。食物的生產成本看似低廉，常導致過度製造後又大量丟棄。人們對待食物的態度，正如同對待同類一般：將人看作純粹的勞動力，當壓榨殆盡後，便以失去競爭力等等理由棄置，看似順理成章的社會進步、解放勞動力，其實是不斷剝除人與物除了賺取金錢以外的存在意義。

分享的展現有時來自於給予，有時候則來自於接受；而有別於施捨，我們熱愛使用分享一詞的理由，不外乎是料理過程中所積累的期待與不安：從蒐集食材、烹飪乃至送到街上共餐，每段過程都累積了大量不確定性與期待感。會收到什麼樣的菜？該怎麼料理？怎麼跟不認識的人坐下來好好吃頓飯？從產生疑問與尋求解答的過程，我們逐步珍視每一顆果實與人。透過料理過程，重新學會不透過閱讀成分與使用期限，運用視覺、嗅覺與味覺判別食物；並在夜裡席地而坐與無家者共食，拋棄外在感官帶來的初步印象，重新認識一個人。

於是以過往不同的視角與方式，我們聽到了許多街頭上的故事：這位大姐因為不願造成失業兒子的困擾而決定偷偷睡在街頭省錢，當清晨警衛趕人時便跑到附近公園坐上一天，她說：「我沒辦法賺錢了，所以也不該花錢」；那位老伯因為邁入高齡而失去大多數工作機會，儘管身體健壯仍在面試時四處碰壁；睡在轉角的大叔行事曆上寫滿了全台的廟會行程，陣頭工作是他僅存的生活目標與排遣。

因為走近與交流，自然而然產生同理。將這樣的價值觀帶回日常後，下一次面臨對物與對人的批判時，我們將會更謹慎面對。因棄置單單只是表象，問題根源總被分散在盤根錯節的結構之中。

「雖然不太缺食物，但你們來找我們聊天，我覺得很溫馨。」阿北補完這句後對我們笑了。「下次再見，會回來看你們！」志工也如此回道。

一位革命家說：革命不是請客吃飯。今日行動過後，食物浪費減少的數量，和街頭流浪的人數並不會立即減少。但透過處理被浪費的食物，認識被捨棄的人，以緩慢柔和的步調，我們每一個人重新審視日常，發現平時所忽略的資源與生命，並且透過親身實踐與討論，逐步鬆動翻轉每項生活習慣乃至於周圍人們的觀點。無論參與食物分享行動的人們是否能兌現承諾，當下一次經過同個場域，我們都相信今後這個人的生活將有所不同：他將不再如此恐懼瑟縮在街角的身影，他將無法再容忍視而不見。

如果我們連一顆果實也懂得珍惜，對人便不會輕易放棄。

用水

如果沒有水用，那跟鹹魚有什麼差別

我們需要水，這點似乎無庸置疑。但除了飲用煮食之外，水源肩負另一個重要功能：清潔。

讓身體保持清爽，街頭上生活的品質便可大大提升。洗去汗水，睡在戶外時能減少蚊蟲叮咬；維持外表儀容，則能在使用公共資源時，盡量低調不引起旁人側目。即便開放資源本該秉持著無差別供給的精神，但身處在社會之中的任何人，若出現不符合大眾期待的樣貌，便可能承受周圍有形無形的排擠壓力。成為一個變色龍，隱身融入周圍的環境人事物，成了街頭生存的一門大學問。

水資源取得聽起來容易，大自然並不會對使用的人收取費用，但現代社會製造過多污染排放入河川海洋後，安全可用的水源需要花更多心思才能尋得。好在城市中仍有許多小小資源可以利用，如飲水地圖、向店家借水或是付費進旅館梳洗。在此將提供更多水源地，雖有些時間或取用量規定，但身為手邊資源有限的街頭生存者，千萬別放棄，繼續開發各種可能吧！

飲水評比標準——

不看說明，誤你一生！

人潮洶湧度

排隊人龍越長，有時會影響到飲水機的水溫高低穩定度。

交通便利度

若距離太遙遠的話，人們可是會不小心被瓶裝水吸引走唷。

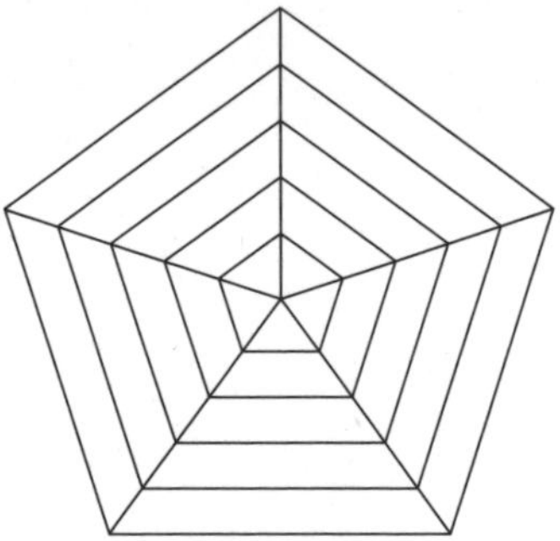

水源多樣性

常溫，三溫，高溫殺菌，負離子注入，多樣的選擇讓飲水樂趣更加分。

穩定提供度

擺放飲水機的空間有時開放有時候不開放，讓人撲空太多次可是不行的！

飲水機高度

高矮多種的飲水機高度，讓不同身高的人都能好好享用水資源。

洗澡評比標準

水溫可調度

夏天沖涼冬天洗熱水，洗澡水溫度可是人一整天的元氣來源！

排隊人潮度

太熱門的地方等到人都發臭了，太冷門的區域卻又讓人邊洗邊擔心。

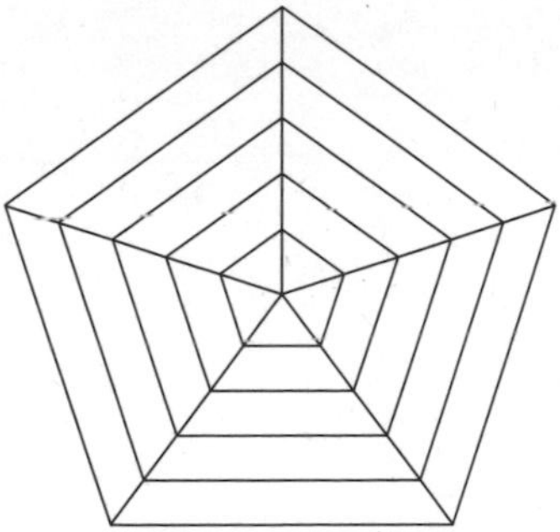

空間寬敞度

旋轉，跳躍，我洗著臉。寬敞的衛浴空間讓人舒爽淨身同時順便伸展手腳。

水柱大小度

嘩啦嘩啦的瀑布水柱衝擊瞬間，據說有著提神醒腦元神歸位等功效。

隱私保密度

一些羞於展示的搓洗動作、一些需要保護的家當，洗澡時都想好好藏起來呢。

資源點 學校

評比

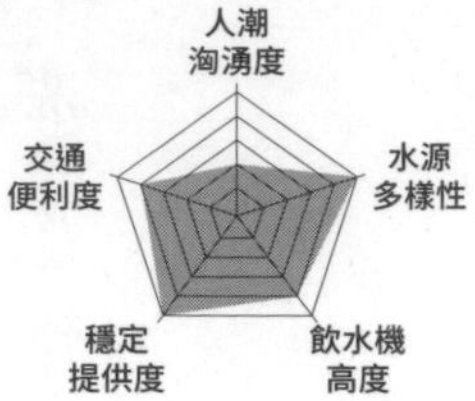

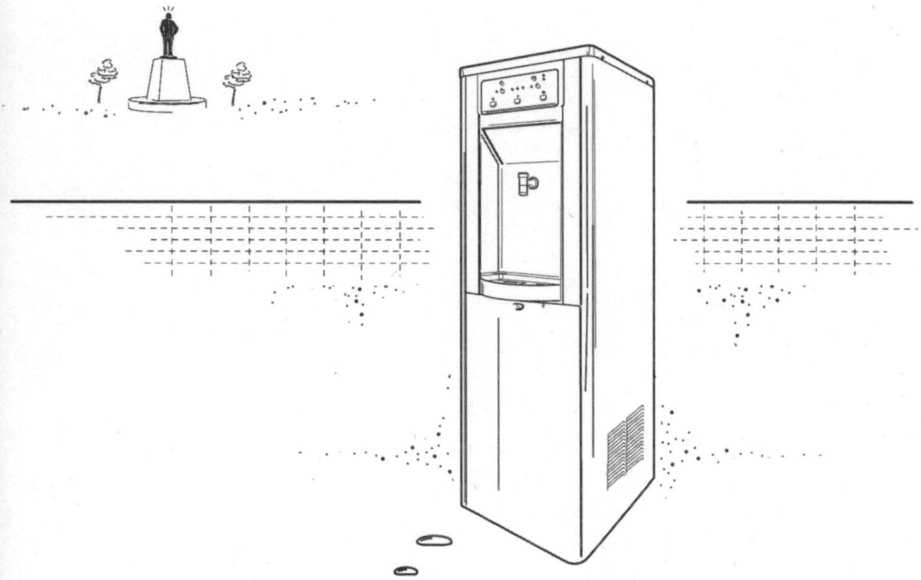

健康教育第一課就上到人體有百分之七十由水組成，隨時補充水分相當重要，因此教育現場當然不能缺少飲水機。這幾年各學校開始陸續將設備更新成可提供冷溫熱三種水溫的機型，夏天或冬天都能更舒服享用喝水的樂趣。

而為提倡大家攜帶水瓶，用更環保的方式喝水，校園飲水機也被登錄進飲水地圖中。因此，使用者不僅限於學生，傍晚運動的民眾或路過口渴的人，有需要都可以使用。進入時可以向駐校人員或警衛打聲招呼說明需要。不過有些街頭生存者覺得自己外表看起來不夠討喜，害怕因此被驅離反而不敢從正門走入。

校園內許多飲水機會設置在洗手間旁，相當方便人進水與排水，可前往體育館、活動中心、學生餐廳等入口處找尋。須注意學校的關閉時間，以及部分大學系館不一定對外開放。雖然學校裡也有礦泉水販賣機，但現在投幣的話，比賽可就結束了，對吧！

使用者心得

泥默
34歲，行夢者

我滿信任校園飲水機的品質，因為通常有標準的規格，也會固定更換濾心，所以相對乾淨又安全。而且使用上沒有任何限制，只要攜帶一個空水瓶，甚至是塑膠袋，有容器就能使用任何學校的飲水機。通常主動詢問學生或各處室的老師，很容易就知道哪裡可以裝水了。

使用這種免費資源常讓我想到在國外旅行的經驗，那時候會想辦法用交朋友、換宿的方式過生活，和這個取水的概念一樣，最重要的是存著一個拒絕使用寶特瓶的心，只要隨身帶著水杯，不用花任何一毛錢，到任何地方都以很好的態度詢問家戶能否提供一點水，這個溫暖的世界就會有人來協助你完成這件事。

黛西
24歲，待業

我喝過無數大學中的飲水機的水，機器幾乎都是賀X牌出身，大多被擺放在學校系館或建築物內，為了配合學生上課時間，建築物週間早上七點多起開放，晚上十點關閉，週末則大多休假。我曾在淡江大學使用「24 小時不打烊」飲水機多年，方便性堪比便利商店。圍牆容易讓單純想用水的街頭生活者覺得校園難以接近，無圍牆校園就親善多了。校園飲水機溫度常有冰、溫、熱三種選項供自由調配，不過要注意，取水前如正好遇學生下課，用水量一大，水溫可是會節節高升，寒冬裝水還能當成短暫取暖，炎熱夏日裡若裝到四十度以上的水，相信一定是火上加油，愈加愈燙。如果不喜歡大白天和別人搶水，則很適合在星光閃閃的夜裡拎著大空瓶到此一遊呢。

資源點 廟宇

評比

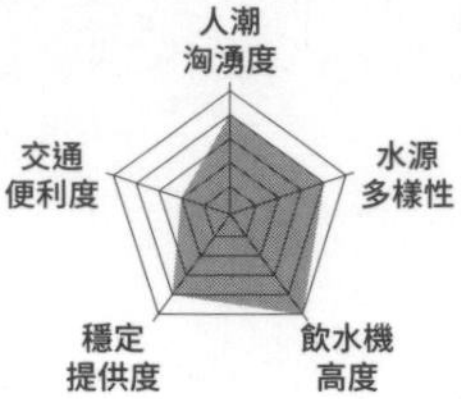

神之音：ㄜ，我跑錯地方了嗎……

擺設在傳統廟宇中的飲水機，受到神明加持，不少香客喝完後皆表示覺得受到保佑。近年來許多靈驗的廟宇在信徒樂捐之下設備升級，飲水設備也從古早印象中的胖水壺逐漸換成三溫飲水機。而特定廟宇例如月老香火鼎盛的城隍廟，甚至準備了桂圓紅棗茶，貼心地為善男信女們補充粉紅靈氣。

基本上若是非私人管理的「公廟」，設備等都是公共設施，平常會開放讓人使用。至於如何分辨公私廟，則可從沿革資料或捐錢石碑中找到線索。如果一間廟興建時是由地方集資，平時祭典是由地方人出錢出力，便是屬於社區或地方的公共財。

須注意的是不同廟宇奉茶有不同使用規範，例如有些廟宇並不允許用大寶特瓶直接裝水，或是有些飲水機旁會擺有特定杯具請大家使用。

心誠則靈，前來廟宇喝水也請常懷感恩的心。

使用者心得

雨林
27歲，研究生

我家附近的廟宇設有讀書室，我從國高中開始，下課後常去那裡念書。那間廟真的超級豪華，大概是很靈驗吧，信徒捐贈很大方。一間廟裡面竟然有四台飲水機，冷溫熱三溫那種喔！我沒特別注意到有什麼規定，每次都是拿寶特瓶去裝，不過也看過阿婆拿著大水壺去裝水，阿婆這樣拿著手不會痠嗎？我真不忍心看她裝完，不過廟裡的人倒也沒去阻止。

雖然說是三溫高級飲水機，但談到水溫穩定度就要看季節了，像五六月是高普考準備的旺季，水溫都會超高，因為來讀書的人太多了，水不斷被裝走，機器一直燒水還來不及調溫。

除了念書以外，附近居民的生活也都圍繞在這裡。很多老人每天早上就來這裡下棋，還有一個精神障礙者，他的家人每天會把他帶來廟裡，他就在這裡徘徊，晚上又回到家，感覺有點像是送來讓神明看護的感覺。另外也有個街友，平常會到廟裡看人家下棋或找認識的人聊天，都沒事幹時就坐在廟的階梯上。但似乎沒有人去趕他們，感覺他們每天這樣來，其實和廟裡跟附近的人都認識，而且從來也沒聽過說他們對廟方造成了什麼困擾。

另外隔壁廟的用水也有蠻有趣的故事，有個阿婆會帶著自己家的衣服，到廟外面的取水口蹲著洗。我就這樣看她洗衣服洗了好幾年，一直到後來廟改建把管線封掉。在那之前也都沒人趕她喔！太神奇了吧。

評比

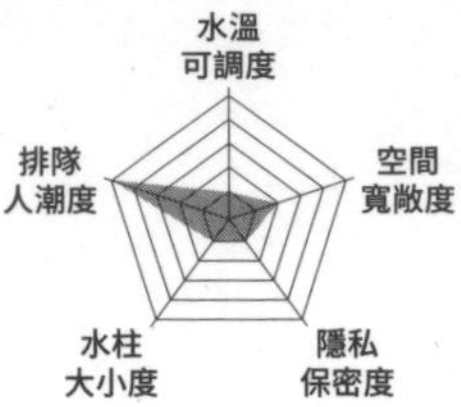

資源點

公共廁所

公家機關與公園的必備設施——公共廁所，兼具了各種重要的身體淨化功能，除了大小號外，洗澡當然也需要含括其中。想想炎熱夏天裡，在路上走幾步路就汗流浹背，更不用說戶外運動的人或是街頭生存者了。

儘管許多人都希望能維持整體清潔跟芬芳，很可惜的，大多數公廁尚未裝設淋浴設備。但也別擔心，生存高手總是能找到出路！只要準備一條毛巾與肥皂，便可以在洗手台前簡單擦澡。如果想做較徹底的清潔或是不想被窺看，一些無障礙廁所也有獨立的洗手台，相當貼心。不過請務必記得在使用為數不多的無障礙空間時，要多為有急需的人著想，使用完畢後請擦乾地面檯面，讓每個人都能舒服使用，也期待未來能有越來越多友善的空間為各種生存需要而敞開。

使用者心得

筱華
60歲，退休

我在公廁洗澡的經驗相當豐富，甚至可以教大家幾招！

首先，毛巾跟水瓶是必備用品，只要先把水瓶裝滿水帶進廁所隔間裡，就可以用毛巾沾著，好好洗上一澡。時間使用長度也要控制得很好，畢竟是公共設備嘛，每個人都要用，如果引發反感就不好了。水溫當然都是冷水，夏天洗起來很清涼。如果是冬天的話，反正也不用每天洗澡嘛！

不只公園的廁所，有時候真的有需要，我也會去一些餐廳、醫院或百貨公司的廁所洗，打掃的清潔人員也都是艱苦人，比較能互相體諒。記得進去的時候表情一定要很鎮定，偷偷摸摸反而會引發側目，要是被人家誤以為是小偷之類的就不好了。

不具名大哥
60歲

我都會到南京西路的建成公園使用公共水龍頭擦澡。有時只是擦身體，兩天洗一次澡，冬天的時候一個星期洗一次。此外也曾偷偷到一些運動中心洗澡，譬如救國團在中山的運動中心，早上六點營業，一開門就過去，顧客都還在運動，避開付費者的使用時間。

為了洗澡，我得要一大早早起，還得要走好一段路，有時也會騎自己的腳踏車過去啦。原本地下街的廁所可以用，我們也會在那裡清潔身體；結果有一次淹水，工作人員說是我們街頭上的人弄壞的，就把廁所封鎖起來，現在已經不能用了。

百味特搜

戶外淋浴間

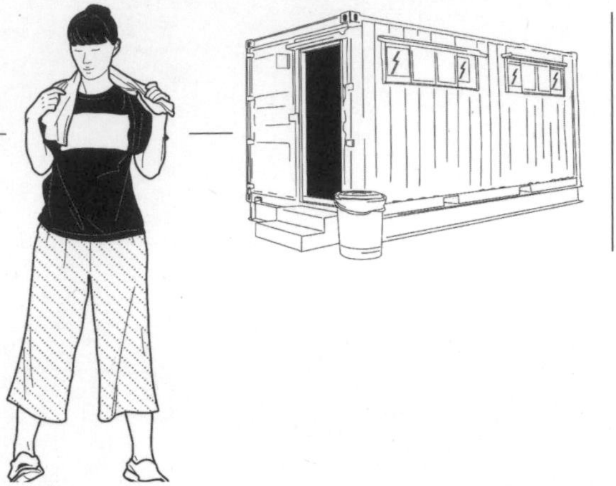

評比

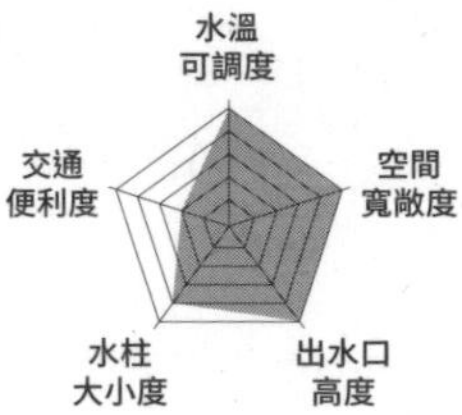

穿過橋下神祕的小入口，眼前即映入寬廣河濱。正懷疑交通是否足夠方便時，忽然身邊就駛過一台公車。雖然班次不多，但對街頭生存者來說，來此舒緩放鬆的目的大於實際清潔功能。神祕的戶外淋浴間原來其實是露營區設備，畢竟戶外的蓄水量有限，本來以服務露營與郊遊來客為主；但佛心的老闆在平日顧客較少時，會通融路過而有需要的人，支付簡單清潔費進入淋浴。

體驗之前，我們原本對於要在非完全密閉空間赤身裸體感到不太習慣；但進入淋浴間後，意外發現空間相當整潔寬敞，每個隔間都架設了堅固的木板架，帶著大包小包的人們也可以輕鬆擺放。轉開水龍頭時更是對於水溫驚艷無比，這種熱水出現在河邊科學嗎？水流雖然不大但十分穩定。因無需分神擔心水溫或行李掉落，更可暢快跟隔壁間的朋友邊洗邊聊天促進情感，彷彿再度回到高中時的青春時光。

日本漫畫常出現三五好友相約在公共澡堂的場景，當時讀著只覺得不可思議。洗澡中的裸露以及搓洗動作，印象中總是私密且不可示人。但各地曾經或至今仍保有的澡堂文化，便是在袒裎相見中，以日常形式打破對於身體單一化的審美標準與想像，建構多元而平等的開放價值觀。確實，在戶外淋浴間和朋友一起洗澡時，原本擔憂可能產生各種雜念，腦袋卻在舒服淋浴當下，只感受到放鬆平靜的祥和氛圍。

洗完澡後在河邊散步，一邊與老闆閒聊，他暢談起營運經驗：「現在有許多小家庭或背包客喜歡出遊時選擇露營或在車裡過夜，最常見的困擾就是不知道哪裡有適合的地方可以洗澡。」

洗場痛快的澡，如此簡單的行為便可為整天帶來精神與活力，讓人不禁滿心期待起城市澡堂復興之日。

街頭生存小撇步

取水神器

就算水源近在眼前，沒有容器也只能望水興嘆。作為街頭生存達人，為防悲劇發生，以下幾種取水神器絕對是必備單品：

吸管

發現喝到一半的瓶裝飲料時，自備吸管便能無限暢飲，衛生又便利。建議自製通用各種容器的超長吸管，絕不浪費任何瓶身內的涓滴之水！

關東煮紙碗

超商普遍都開放民眾取用店內的飲用熱水，這時花個三塊錢，便可以換取一只關東煮紙碗，沖泡麵的水和容器便輕輕鬆鬆到手啦！

萬用水龍頭把手

取水神器首發推薦！不論身處何時何地都能靠小巧的把手一扭，打通全台灣水管的任督二脈。

徐大哥

前輩踹共：身為職業生存者②

坐在南機拌飯空間裡，與徐大哥聊到街頭上的水資源取得，他不以為意地說：「要水哪有這麼困難，到處都有啊！」一語戳破我們先前話語中對於街頭資源匱乏的想像。「要喝水就去教會、圖書館；要上廁所就去麥當勞。」徐大哥用著輕鬆坦然的語氣說明了他在街頭生存的老道經驗。當問起洗澡一事，他說：「我原本是在社會局還有活動中心洗，但是社會局太亂、人太多，不喜歡。所以我現在有時候去戶外淋浴間洗，有時候到廟裡洗冷水，我冷水差不多洗到十月份過後再去洗熱水澡也可以。」喝水、上廁所、洗澡……他處理起這類生活瑣事毫不費心，對徐大哥而言，街頭簡直就是他家！他知道要去哪裡打理自己，也知道不需要太高檔的設備便可以達到同樣效果的地方；要是哪天在街頭落難了，肯定要找上徐大哥跪求祕寶。

徐大哥對於自己在工作時的儀態有著一套「徐某人」的江湖準則。談到此，他信誓旦旦地說：「我們要跟人家推銷東西，就要保持乾淨啊。」街賣這份工作徐大哥做來得心應手，是天生的推銷員。而且對於自己的街友標籤也從不避諱，介紹時也會加註說：「雖然你看我是街友，但我一點都不可怕。」徐大哥身上總是多帶一、兩套可以替換的衣褲，他知道自己很會流汗，所以必須經常更換衣物，工作之餘也會安排一兩天的時間，去到可以淋浴的場所，讓自己看起來整齊舒適。其實在人們眼中的徐大哥，真的和刻板印象中的街友大不相同，他對於自己的外在形象，也像我們一樣細心經營。

徐大哥來到台北已經將近五十年，第一次上台北是在國小五年級要升上六年級的時候，跟著朋友一起跑上台北、打打零工，脫離了在台南被學業綑綁的日子，開始在台北過著學習獨立的生活。

徐大哥從小就不喜歡讀書，常常到處跑，讓家人也跟著要四處找。不過，徐大哥雖然愛玩，卻也有相當獨立的一面。初到台北時，他一開始在東門市場工作，曾幾次被哥哥找回台南，卻仍想念台北自由的空氣，每次被抓回家後又一次次跑回台北。在當完兵後他與新婚的妻子回到台南定居，生了兩個女兒，但後來離婚。有時候過年小女兒會給紅包，但三四年沒見了，他已不清楚女兒們的現況，也早沒和哥哥姊姊等家人聯絡了。

雖然對家庭狀況不願多提，但是徐大哥在街頭的人際關係其實不錯。借洗冷水澡的公廁是朋友開設，而神祕的戶外淋浴間則是由長期相互幫忙的乾姊介紹，才特別獲得通融得以進入清潔。甚至在常留宿的網咖，徐大哥都與店員成了忘年之交，認了對方當乾女兒。我們忍不住好奇詢問起交友狀況，他會像爸爸教誨著孩子一般說道：「平常朋友一開始好壞都交，但發現真的要利用人的就不用。」有著自己一套交友準則的徐大哥，經常來參加百味週四在社區廚房的共食共煮活動，帶著在市場搬貨而得到的多餘食材一同與我們分享，也喜歡在這裡能夠接觸到許多年輕人。百味與他熟識，也是因著徐大哥主動接洽，才牽起了這個緣分，也得以了解徐大哥想透過百味這個管道與女兒們重新聯繫。徐大哥雖然不曾否認自己的街友標籤，也不曾隱瞞，卻在交友的類型和參與的活動透露出他對自我的形象要求；他也希望著能夠回歸主流社會，與家人重逢。

徐大哥常說：「我跟其他人（街友）不一樣。」他曾在百味活動場合中遇見另一名街友，但在他們交談的過程中，徐大哥卻充斥著敵意，甚至意圖以言語攻擊。我們本以為街頭生存者都是同舟共渡的夥伴，停下腳步認真觀察後，才發現這些在人潮來往的街頭上移動，或在街道上坐著休息、乞討、吃飯、舉牌的各種各種身影，其實許多是以單獨與零散的形態存在於普遍追求群體生活的社會中。無家者有時彼此互不相往來，時而為求生存而用「一個人也堅強」的形象武裝自己，例如徐大哥一個人行走江湖；有時無家者則群聚，試圖解決生活煩悶而尋求社交娛樂，像是在艋舺公園群聚打牌、聊天的小團體。

好像我們所見的，就是他們生活的全部了。主流社會偶爾會瞥向這個群體，但經常忽略裡頭每個人的性格、流浪的原因，將每個獨立的他們視為一體，忘記裡頭也會有排擠競爭、合作陪伴、個人性格、渴望與主流產生連結卻又被排斥……等多元因素。關於他們的情感需求、社交生活、工作樣貌等，人們似乎很少仔細觀察過，經常一味從表層的行為做自以為是的想像。主流對於無家者單一平面的想像，忽略了無家群體複雜而多面的樣貌，透過徐大哥的述說，一個群體的立體形象才被一一折射而出。

現在的徐大哥，仍然是個瀟灑（或至少表現得很瀟灑）的大叔，最近應徵上送菜卡車的運將工作，薪水相對穩定許多，三不五時就自掏腰包買幾袋蔬果送我們。

「下一本書，要寫整本都是我的流浪傳記喔！」街友、流浪，在徐大哥心中似乎從來不是困擾自己的標籤；可能對他而言，善於勞動的好體力、健談的個性與廣闊的交友等等強勢特質，足以彌補無家帶來的種種不便；又或者，這些標籤所涵蓋的負面意涵，從來都只是人們心中片面的認定呢？

越親近徐大哥，越發現這道畫分你我的主流標籤有多模糊。「欸！等我有空再來幫你們賣些街賣商品。」沒錯，在外界想像中，街賣翻轉商品是幫助經濟弱勢者找到工作的工具，但對徐大哥來說，他賣街賣商品其實是為了幫忙年輕人推廣理念。又是一次刻板印象的破除！

延伸議題

關於用水，我想說的其實是

新聞閃過，又是一則指稱街友如何以「髒亂」妨礙市容的十五秒報導。大眾對於無家者的印象，隨著新聞畫面，停留在髒亂的衣物、大包小包行李、以及隨身散發的異味上。「幹嘛不把自己打理得乾淨點？」不少人心中升起疑問，簡單的清潔動作，便可減少排擠與敵意，為什麼不做呢？

其實，許多無家者都堅持定期洗澡，保持自身清潔。這樣的堅持有多難能可貴，是習慣走出房門、甚至轉個身就到浴室的你我，相當難以體會同理的。住在車站、公園的生存者們，得從住處走幾百公尺，只為了到遙遠的教會、社會局等單位盥洗；一些因工作而晚歸的無家者，更因為趕不上社福設備營業的時間，只好深夜裡到公廁或公園水龍頭處簡單地擦拭身體。

若認真觀察街上的生存者，大多數人的外觀都與你我無異。若非入夜後開始鋪起紙板、睡袋，你甚至不會知道剛剛那位坐在你身邊看報的大哥大姐就是無家者。

面對常有人要求社福單位督促街友洗澡，社工滿是無奈：「他們都是成年人，也都希望自己身體是清爽的、衣服是清潔的，不需要一直提醒。」雖然會盡可能定期洗澡，但因經濟狀況不穩定，無家者的衣物多為大眾捐贈，新舊不一，外貌也因長期勞動、餐風露宿更顯滄桑。僅僅是這些，就足以讓習慣光鮮亮麗、總是追求同質的「美」和「整潔」的人們感到不適。

而我們偶爾在路上遇到的，所謂「典型髒亂」的人們，除了出於心智障礙、行動困難等各種因素之外，也時常隱含著不為人知的原因。有位老爺爺穿著破舊還散發異味的夾克，客氣地婉拒了他人捐贈的新外套：「全部的財產、證件都在這件（衣服）裡，我還自己縫了內袋。怕不見，我一直不敢脫下來。」

況且，就算想洗澡，似乎也不是那麼容易達成。在所有生存所需中，水來自大自然，且幾乎源源不絕；在直覺判斷下，這似乎該是最好取得的資源。然而當身處在高度開發的都會叢林，每一滴生命之水都被配入管線內，若不透過技巧與經驗，就算是免費提供，人在面臨許多不便的狀態下，仍難以使用。

此外，居住街頭的人們，只要攜帶行李或塑膠袋到公園擦澡、或在公共廁所梳洗，便容易遇上民眾檢舉，以及相關單位的不諒解。「有一次，台北地下街廁所淹水，他們就怪罪我們街友去那裡洗澡，後來廁所就封起來，不能進去了。」台北車站的住民大哥如此感嘆。

經驗老到的社工也遇過類似情況：「我陪一位大姐到市立運動中心洗澡，櫃台人員看她拖著家當，馬上就回絕了。」其實，大部分運動中心的洗澡設備並不特別管制，民眾可以直接上樓使用。大姐被拒於門外，或許就是因為街友的外觀，引發了人們長期以來潛藏的恐懼與排斥。儘管表明能付費入場，卻仍遭工作人員為難，「我會看著你們有沒有運動！」

不只洗澡，單單只是喝水，公共資源也因外表的不同而產生差別待遇。網咖住民金牛就分享道，他從來不敢進去學校或公部門裝水，寧可冒著感染風險，撿寶特瓶裡剩的水喝。「保全從頭到尾盯著你看，誰敢進去啊。」儘管如此，金牛仍體諒地說，也許是為了維安吧，我們這種樣子難免被起疑。

社會無視公共盥洗資源有限，甚至仍不斷限縮資源，禁止街上人們使用，讓失去租屋能力的無家者離盥洗資源越來越遠。於是，難以維持自身整潔的人們被貼上負面標籤，這樣的負面形象又加深了使用水的難度——如此惡性循環，終將讓弱勢者離大眾主流期待越來越遠。

「清潔」本來只是為了維持健康與衛生，從什麼時候開始，竟演變成進入社群、社會的門檻？

文明的進步讓我們不斷要求更高的生活品質，進而扭曲了事物的本質。從外用到內服——人們每天都要洗兩次澡、刷兩次牙、飲用從過濾器出來的水才能安心。所有的社交場域，從教育、工作到私生活，約束人們看起來整潔乾淨，但在只看盥洗次數而忘了目的、這過度苛求形式的社會裡，梳洗好像成了一種儀式，讓我們更加貼近自己對於文明的要求及光鮮亮麗的想像，而非為了清潔本身。因此，即便你我也會有懶得盥洗、或覺得自己不需要梳洗的時候，我們也無法說出口，只好壓抑著，屈服於儀式之下。

因著名正言順的「基本禮儀」，失去清潔自理能力的人們，在社交與求職過程中逐步被排擠至邊緣。在人們服從多數價值的時候，有多少群眾真能夠同理並尊重看似對立的少數？

深怕與主流文化背道而馳的人們，難以想像為什麼盥洗對一些人來說會是困難的，還有那一道道污漬裡暗藏的故事。於是，次文化的生存空間越來越小，不同的生活方式——譬如流浪，譬如不夠整潔，都被攔截於看似繁榮多元的城市之外。

參加流浪體驗露宿兩晚後，回到家才發現自己的上衣與背包，在流浪過程中留下了些許破損與髒污。那時擦身而過的行人是如何看待我呢，是同情、還是鄙夷？也可能都不是吧。突然想起營隊最後一天的分享會上，同期組員的那句心得：「其實他們根本不想看你，不想和你有任何目光交集。」

無論自願或無奈，各式各樣的人們都該擁有選擇及暫時潛逃的空間。如果水能以純然透明的姿態帶走污漬，社會是否就該成為海，涵融而可納百川——能夠撇除「街友都很髒」的刻板印象，也能同理髒亂與失序作為生活的一種方式——如同潺潺流水，不為誰而停留，不改變誰的姿態，卻成就了萬物之所以存在。

睡處

讓讓，
你踩到我的床了

如果因為常在路邊看到有人席地而睡，就輕易判斷整個城市都可以是我的背包客棧，可是大大低估了街頭生存的智慧。

每一個地點看似隨意，其實都是精挑細選，經歷過幾百次嘗試後得出的最佳結果。跟「天地為家」比起來，街頭睡處更適合用「夾縫中求生存」形容：屋簷下哪個角度不會被雨淋日曬？如何找到細縫暗門收納家當？躲避被盤問或騷擾的最佳應對方式是什麼？以及更重要的——室友選擇，該成群結隊互相照顧或是獨自一人行動自如？以上樣樣都是門學問。

街頭生存，一個包包或行李箱便可裝足日常用品，但這身肉行囊該如何，又該在哪裡好好置放？

城市乍看之下寬敞開放，燈火通明讓人心安，卻也因此無所遁逃。騎樓、橋下、地下道這些常見睡處之間各有什麼特色，社會局又提供了人們哪些協助？民宅好好拆，古蹟還會自體燃燒，這個建築物自身難保的年代，人人都該習得尋覓街頭睡處的一技之長。

評比標準

不看說明，誤你一生！

一位難求度

越舒服的睡處搶手程度越高。不過有時人擠是因為室友人多睡起來較放心。

環境整潔度

蚊蟲多寡、空氣品質、地面整潔，乾淨的地方讓人可以直接倒頭就睡。

生活機能性

午夜夢迴醒來難免想上個廁所吃個宵夜，要是周圍設備方便就太滿足了。

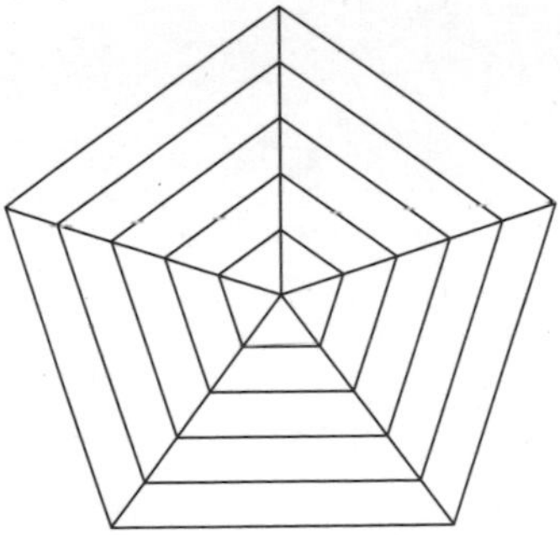

光害指數

太多紅色黃色藍色白色閃閃的霓虹燈跟路燈，會讓人翻來覆去睡不好的！

睡姿伸展性

空間太小或隨時得留心閃避路人的地方，睡起來特別彆扭不自在吶。

資源點

地下道

評比

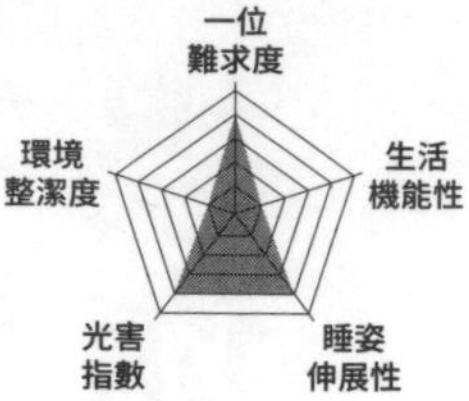

埋入城市地底的地下道，許多脫離主流的藝術與社群時常聚集於此，加上許多電影的戲劇化詮釋，不少民眾認定這裡是灰暗的安全死角，平時總盡量避而遠之。但對街頭生存者來說，鮮少人走動的地方反而相對安全，雖然距離廁所、商店較遠，生活不算方便，但至少不用擔心被騷擾或投以異樣眼光。

靠近車站的熱鬧區段，地下道內室友大多三兩成群，彼此不一定認識，但偶爾也會為對方留份便當或協助看顧行李。雖然地下道整晚亮燈，不過若群聚而居便也需要遵守所謂「門禁」，一些地方固定九點後便會盡量鋪平床位、保持安靜。若是想要清幽生活的話，可以選擇遠離鬧區的區域，通常也有一人享有整條通道的「福利」，但人身安全與行李保護上的風險也相對較高。地下道恍若一個地下社會，外在看來荒唐，卻使一群人得以稍微安穩入眠。

使用者心得

阿明
40歲，打零工

之前在找不到工作又沒有補助的時候，我就睡在進入車站的地下道。

那裡有很多人睡，雖然不是全部都認識但感覺還是比較安全，因為大家都怕東西被偷，如果非得去上廁所或外出，就會請旁邊的人幫忙顧一下。地下道的床位沒有固定的，大家會遵守先來後到啦，有時候晚到真的就沒地方睡了。不過也沒聽過床位被占就吵架的事，真的沒辦法的話，外面車站外牆還是可以睡人的。

我睡的那個地下道平常是給人走的，大家會盡量把行李收起來，總不能工作的時候提著大包小包嘛，行動不方便，老闆看東西這麼多也不一定想用你，不見了誰來負責？你看很多人的行李一大堆，我都會維持一個小包包的量，東西越精簡越好。去教會吃飯沒有碗怎麼辦？商店都有免洗的啊，能少帶一點東西就少點負擔。

後來領到重度傷殘補助後，我就開始睡網咖了，比較好睡，也比較不會被打擾。地下道只要被檢舉，警察就會來臨檢，看看你的身分證啦，勸導你不要睡在這裡啦，有些人就會怕嘛，因為說不定他剛好就被通緝。被通緝也可能連自己都不知道啦，因為是在老家被通報的嘛，不過人都已經失去聯絡多少年了。對了，之前行李放在車站常被人嫌棄、常垃圾丟掉。在網咖可以租置物櫃，不會被趕，我覺得這樣舒服多了。

資源點 騎樓

評比

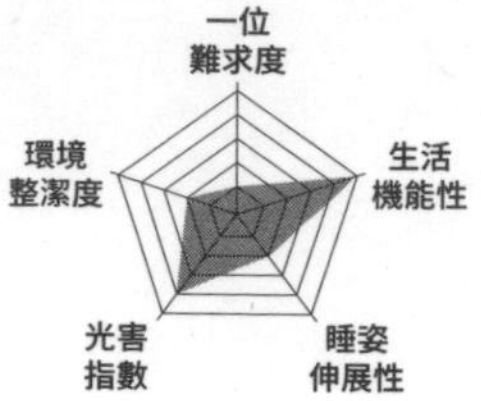

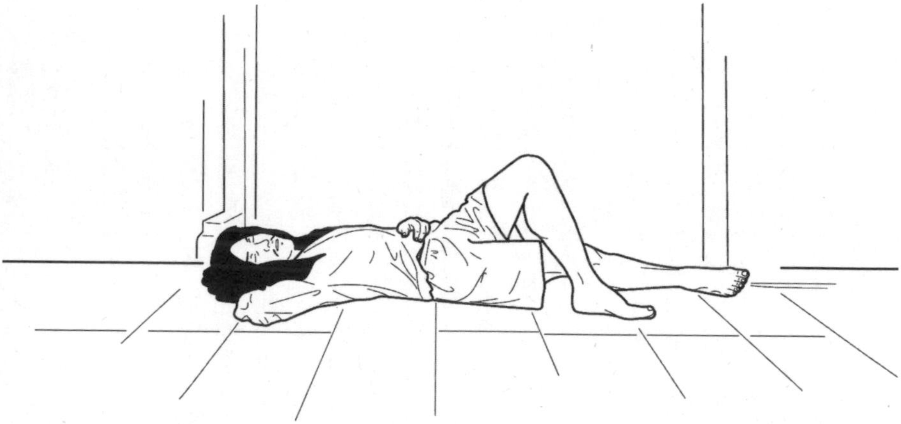

騎樓的所有權屬於地主，但法律上仍有規定必須開放讓大眾使用、穿越，於是此處便成為了街頭生存的灰色地帶。入夜後，不少尋覓睡處的人會選擇在此落腳。除了有可遮風避雨的屋簷外，靠近住宅區治安較為穩定也成為考量因素。但若太靠近高級地段，有時反而容易被附近住戶通報檢舉。

由於城市中許多房屋一樓會作為店面商用，街頭生存者長久以來也逐漸與店家養成默契：在打烊鐵門拉下後，生存者才會鋪起紙板睡袋，並在次日早晨店家準備營業前離去。互不干擾的狀態下，一些經營者選擇睜隻眼閉隻眼，但若因生活習慣造成髒亂，便會引發與附近居民對立的緊繃狀態。

「這裡離便利商店很近啊，哈哈！」一位街頭生存前輩爽朗大笑。說得也是，在互不相識的都市中，有個可借廁所借熱水買宵夜的好厝邊，也算相當難能可貴。

使用者心得

雯雯
22歲，大學畢業生

我在三一八運動時期曾經和朋友一起睡過立法院附近，一次在騎樓，一次是馬路。那時候立法院周圍被封起來，場內應該都是有共同理念的人，我又是跟朋友在一起，感覺相對是比較安全的。但即便如此，睡覺時仍然感到相當不安，附近有不少走動的聲響以及各種雜音，同時也會怕自己發出聲音打擾到旁邊的人，整晚都很淺眠。我們沒有準備睡袋，只用外套蓋著。騎樓地板很硬，很不舒服，而且旁邊路燈的光線也讓人睡不太著。

證傑
30歲，新創公司專案執行

十幾歲的時候，我因為跟家人鬧得不愉快而決定離家出走。那時沒錢就去夜市撿東西吃、在百貨公司廁所擦澡。

我通常睡在夜市或車站一帶的騎樓。當下的心情，其實除了一些人的側目會造成壓迫感之外，倒是沒有其他想法或感覺。在街頭睡袋是奢侈品，只能多披些衣服，我會拿外套蓋著頭，一方面是畏光，另外，也是有點怕被人看吧。各種原因造成的淺眠，使我到了早上六、七點就會自動醒來，接著便匆匆離開。另外，為了躲臨檢，我常常凌晨一、兩點才回到騎樓，睡眠時間約四、五個小時，不過當時還年輕，體力上並沒發生什麼問題。平時在街上流浪就是走走晃晃，或是去 DVD 出租店外看免費影片、打發時間。

就算同樣是睡路邊挖垃圾桶，我覺得那時的自己跟無家者們很不一樣：我在心態上是選擇性的流浪，因為還有家可回。但街上的許多阿北，應該相當難以脫離對於街頭的依賴。

資源點 橋下

評比

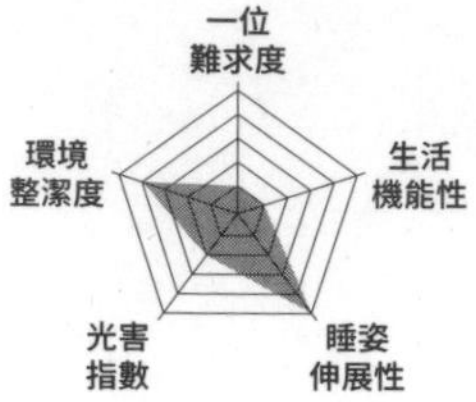

橋下因為少有人往來停留，地面平整且可遮蔽風吹雨打，喜歡安靜度日的人常選擇睡在這裡。而橋墩依屬性不同產生了不同的優缺點：河堤橋下因草木較多，時常有蚊蟲出沒干擾睡眠；而陸橋雖然蚊蟲較少，但車陣出現時便會排放大量廢氣，使人呼吸困難。

腹地寬廣加上無路人干擾，橋下空間的使用常創造出多樣可能。一些生存者在此就地取材，構築出各種適合居住的環境，主要遮蔽牆面可以防水布、紙板、木板等等容易取得的廢料搭建，垃圾場或街角被丟棄的舊沙發或躺椅，正好可作為舒適的坐臥床；而橋墩的細縫處，則為沒用到的紙箱提供最完美收納。

在許多時候，獨居在橋下或陰暗處的生存者常被認為自閉、有心理疾病或反社會人格。但走近觀察橋下小居，格局擺設就與你我租賃的小套房並無太多不同。在巨大擁擠的城中，我們需要的，或許不過就是一處屬於自己的小窩吧。

使用者心得

利嘎
26歲，社工

之前參加流浪體驗營時，我們這組的導師帶著大家在陸橋下度過夜晚。

陸橋的橋上橋旁都是車，晚上常有快車呼嘯而過的聲音，也不斷有廢氣味道傳來，睡眠品質頗糟糕的。身上有些證件跟手機，睡覺的時候還是有點無法放鬆。

隔天清晨的時候，旁邊公車站牌等車的阿公阿嬤看到我們後就開始責罵跟碎念，說這些年輕人不知羞恥，不好好找工作努力還睡在路邊。不過那時我睡得不太好，半夢半醒也沒有特別覺得生氣。在那之後，當聽到有人指著睡路邊的身影，說街友就是懶惰不工作，我都能同理那些無家者白天補眠的需求，畢竟露宿的睡眠品質實在很糟糕哪！

輝哥
60歲，夢想城鄉協會學員

我過去是做土木工程的，對於結構、樑柱都很喜歡，所以後來在流浪時，也選擇了自己熟悉結構的陸橋下居住。另外一個主要原因是不想接觸其他人，畢竟流浪是個落魄的狀態，怎麼會想被看到呢？而且人多的地方也容易發生衝突，我後來有睡過公園，就跟那裡的人打起架來，受傷送醫開了三次刀。

在橋下的時候總是一個人喝酒，喝醉就倒頭睡。因為買酒認識附近便利商店的店員，熟了之後他們也常會給我一些過期的食物。

後來橋下睡了三個多月，忽然被警察驅趕，只好又陸續換了幾個地方睡。做工程的時候，其實也是種漂泊生活。包工程就是全台灣到處跑，流浪也是到處找地方睡。這麼回想起來，才發現我的人生大半輩子都在流浪。

資源點 公園

評比

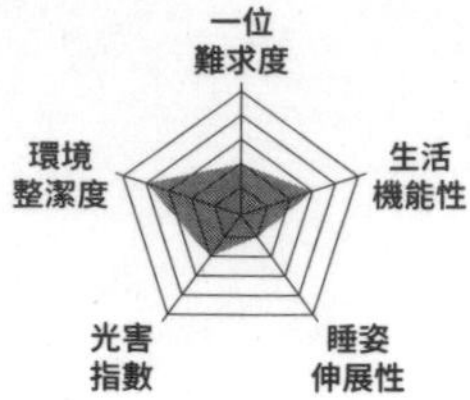

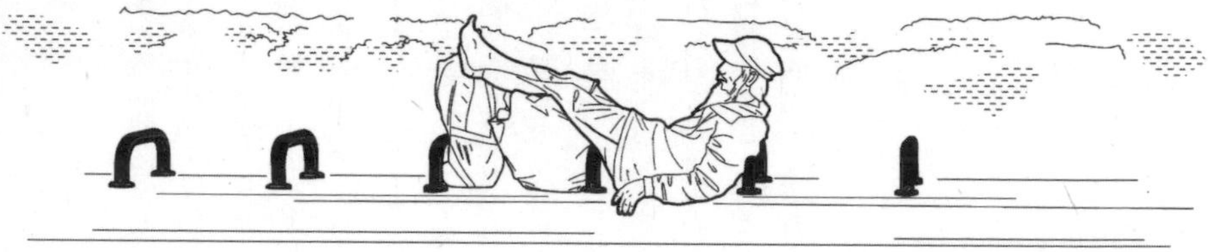

公園是各年齡層皆可盡情遊樂休憩的空間，無論座椅或草地，每個人選定自己舒適伸展的位置與方式後，便可自在看書、打瞌睡、追趕跑跳碰，曬著陽光渡過悠閒午後。入夜後，涼亭、長椅等空位，則成為了街頭生存者的休憩之處，內附的公共廁所也十分方便露宿時洗澡與如廁，維持自身與周圍清潔。

在城市中，公園幾乎是最後一片使人貼近自然的綠洲；而自然，本也願為任何有需要的物種開放。然而這開放空間的使用權，在居民與街頭生存者間，卻一直處在衝突與磨合中：居民擔心公園露宿會造成安全疑慮，而生存者則同樣籠罩在被霸凌羞辱的恐懼中。幾年前開始，園內開始陸續在長椅中間加設把手，引發多方討論與辯論。這樣少數的開放園地爭議不斷，然而更多的資源卻被少數人用高牆隔起單獨享受。

如果可以睡床，誰想要躺長椅，是吧？

使用者心得

莊奕凡
22歲，《一杯咖啡，一個故事》創辦人

市場是我的咖啡廳，公園是我的背包旅館。雖然一開始也是因為找不到旅館才睡路邊，但後來卻逐漸喜歡上這種旅行的方式。開放的街頭是讓我感到自在的地方，露宿沒有特別理由，只是想睡個好覺。

我會選擇在看起來相對安全的地方，像是附近常有人往來、或鄰近便利商店，不會睡在裊無人煙的偏僻處。

我曾住過台南的公園，腹地寬廣且種滿了大樹，長椅或遮蔽類建築也不少，選擇性非常高。我選了一處湖邊涼亭席地就寢，不但陰涼蚊蟲少，還可以不時聽到魚兒躍出水面的聲音，湖面上還有一座精緻的類似廟宇的建築，柔和的黃光圍繞，整個夜晚和諧而靜謐。

露宿除了興趣使然，也是嘗試打破大眾對於街頭族群的既定想像與標籤的方式，希望能擴大運用街頭方法的多樣性。

王大哥
60歲，無家者

我和大概快二十個無家可歸的朋友睡在公園裡，大家本來不一定都認識啦，但睡久了就會互相幫忙，像是我有手機，常有這裡的朋友把我的電話號碼留給別人，接到的時候，我會再協助轉接給他。

平常白天我們都在外面工作或走動，這時候就會把行李收好，盡量放在涼亭長椅下面，不要打擾到坐在這裡乘涼的人。晚上大概等到八點多，跳舞的老人家都結束離開後，我們才會把東西拿出來擺放。之前也有發生過幾次行李被清潔員收走、丟掉的事件，但後來也慢慢跟這裡的工作人員培養出默契了，彼此互相體諒一下，其實生活會好過很多。

行李的話，基本上就是被子衣服之類的，我們還有卡式爐能自己煮些東西吃，省錢之外也比較健康。沒有熱水的時候可以跟旁邊人很好的超商店長借，在這裡生活久了，本來人生地不熟，好險有大家互相幫忙，生活也不再那麼困難。

百味特搜

NGO自立支援據點

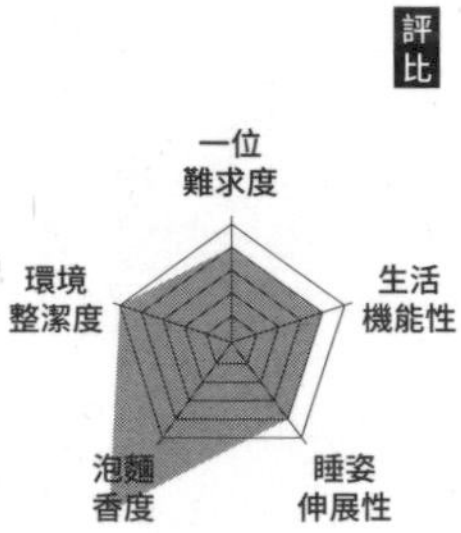

電影《阿拉斯加之死》中，主角流浪到了陌生城市，無處可以歇腳。根據警察指引，他走進一間看似旅館的建築，許多人正在門口排隊等著進去。這是傳說中的庇護所，為街頭露宿者提供了短居的協助。而現實世界中，此處存在的意義，絕不僅止於遮風避雨。

NGO（Non-Governmental Organization 非政府組織）所成立的自立支援據點各具特色：有些提供穩定的正餐，有些則蓋在山上讓人修身養性，有些則隱身在城市內，默默成為了生存者另一種樣貌的家。

位在人聲鼎沸的夜市附近巷弄，一間小小的自立據點正靜悄悄地，陪伴著近十位生存者度過日常。

幾個房間，再加上廚房、客廳、電視與WIFI等設備，住在這裡的人們是生活緊密的室友，常在晚上工作回來後，就在廚房煮個泡麵，三五個人坐在客廳看電視吃宵夜。

詢問了一下剛好正在玩電腦的大哥，平常大家休息的時候都看電視嗎？「沒有啊，有些人會在房間滑手機，或跟社工討論抓了什麼寶可夢。有時候大家也會一起出去釣蝦、煮火鍋，冬至還會煮湯圓，很多啦。」

有別於大眾以為短居點只有遮風避雨的功能，社工說：「希望這裡的人們，都有真正在生活的感覺。」所謂生活，是當人即便生命遭逢變故，仍有個地方可稍作休憩、整頓，為下個回歸平穩的時刻好好準備。

除了提供睡處外，自立支援點更是將人拉回社群的一條繩索。當人際關係重新建立，人們不再孤單，無論在何處落腳，皆能逐漸讓生活穩定。

這一晚，巷弄裡的自立支援據點，又透出明亮燈光，伴隨著陣陣電視聲與泡麵香味。鄰居微笑對歸來人點了點頭，複雜的繁華城市呀，仍然存有著細微的簡單互動，靜靜織出一面新的安全之網。

街頭生存小撇步

防水裝

風吹雨打是露宿街頭首要面臨的課題，颱風天或是平安夜更是可能遭受強力的天災人禍、水柱、強光攻擊，所以為了能夠安心睡覺，保護衣服和家當不被淋濕，就需要最潮又防潮的浪人裝備啦！

大罐礦泉水斗笠

帽緣寬窄還可以自由剪裁，遮陽避雨兩相宜。

雨傘布蓑衣

路邊常見因為傘架骨折而被丟棄的傘，將整頂塑膠布取下，剪出適當的頸圍大小，old school 防水蓑衣就完成啦！

懶人束口袋

垃圾袋和塑膠繩就能完成的懶人束口袋，讓重要家當不受潮，雙肩背的貼身設計，讓夜宿街頭更安心自在。

輕便雨衣倒穿

將只能遮蔽上身的輕便雨衣倒著穿，將雙腿塞進袖子，便可以免去每次穿輕便雨衣都讓下半身濕透的麻煩。只要將雨衣下擺繞到頸後打結就可以輕鬆固定。

布鞋防護罩

布鞋遇水九成濕，肯定是雨天最惱人的事了，沒想到這時超有效的防水裝備竟然是俯拾即是的塑膠袋！還順便發揮一次性用品再利用的價值呢。

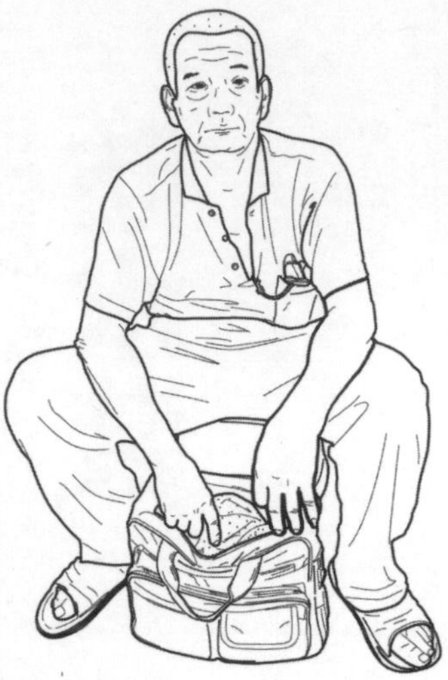

勵端

前輩端共：身為職業生存者③

「我每天都生活在教會，這裡一天供兩餐，早餐沒有。不過，你看我這麼胖了也不能吃太多。」當問起吃飯、洗澡的場所，勵端像是教會的代言人，專業地向我們介紹這區分會的源起、資源和設備。

除了星期四會休息外，這裡每天都提供兩次餐食，即便教會的財務狀況不算富裕。聽說以前會由傳道到市場向菜販收取沒賣完的蔬果，讓教會為貧苦寒士張羅溫飽。雖然成立僅一年多，但因設置在有百年歷史的建物內，設備老舊且空間狹長，天花板壞了也一直沒修。勵端談起自己生活的空間，語氣中帶著心疼與對牧師的感謝，也充分展現他豁達的一面：「一百多年，人都會壞了，房子怎麼不會壞？說來我們算很幸運，能夠住古蹟耶！」

接著，他開始細數自己在台北流浪期間住過的地方。今年五十九歲的勵端，外表比實際年齡更顯蒼老。五年多前他離開高雄北上，在艋舺公園睡了兩天後被社工發現，安排他到公辦的收容中心，一住就是兩年十個月。雖然規定載明無家者至多住兩年，但因為勵端當時中風且須拄著拐杖，因此單位能夠寬限一段時間。

最後，礙於政府規定的壓力，社工建議他到市區一間教會，「一個地方住習慣了，根本不想離開，但也莫可奈何。」從收容中心出來後，勵端獨自拉著包包來到教會。住了九個月後，他的身體狀況難以負荷這裡較繁重的勞動工作，因此移動到接納較多年長者的分教會。分部提供的餐食多是便當，星期天則會買些生鮮做料理。住了一年四個月後，勵端來到剛成立不久的萬華新據點，至今已在此生活滿一年的時間。聽起來勵端是我們訪問過的對象中，較無間斷地接受社會資源協助的人，雖然漂泊時間不短，但一直都有穩定的居所。

個性安靜內斂，一開口又常語出幽默的勵端，看起來就像是家中可愛又平凡的長輩。實在難以猜測出，他是從何時開始，又是為何成為無家者的。

勵端說，他在宜蘭羅東出生，從小就常跟著父母親搬家，頻繁地搬遷使得課業成績從小學一年級的第一名，跟不上進度而一路往下滑，又因身為家中最大的孩子，無人可以幫忙指導功課，「把書念好」成了遙不可及的夢想。

在重工業蓬勃發展的時代，勵端從事黑手工作三十多年，在全台灣各地跑工程，也曾有一份月入六、七萬的優渥收入。直到五十二歲那年，由於長年的菸癮導致健康出了狀況，中風後便無法繼續工作。

勵端在幾年前和妻子離異後，隻身來到台北開始流浪生活。他說自己運氣好，在這段期間許多人對他伸出援手，如今有能力時，他也會盡力幫助有需要的人。勵端在教會交到許多朋友，每次拜訪時常看見他們互相吐槽，場面相當熱絡。

但談起親人，勵端卻只是輕描淡寫。生病時弟妹幾度來探望他，孩子也曾將勵端接回屏東住，但都因他不想給人添麻煩而逐漸失去聯繫。而二度中風後，勵端寧願再也不讓親人知道。醫院開過兩次病危通知信，卻都被他直接收進包包；醫生問：「那是要給你家屬的，為什麼收起來？」

「家都沒有了，哪來的家屬？」勵端當時只靜靜回了這句話。

原來，在勵端心中，儘管滿懷感激地接受了住處與物質的協助，卻也早已認定自己是個沒有家的人。

對許多無家者來說，「居所」並不能與「家」劃上等號，家是長期提供心靈支持的地方，那裡總有人等著他回去、承接自己的脆弱。一個人的流浪，總是個人與結構因素交纏複雜導致，但在其中，與親屬、人際的斷裂，往往是陷入無家可歸的最後一根稻草。甚至在流浪過程中還可能因官司、財產等殘酷現實，再次考驗、傷害著無家者與血親僅存的關係。

這幾年獨自生活的勵端曾擔任過街報販售員，對他而言，從事街賣工作的目的除了餬口之外，與人互動的過程又是更棒的感受：分享產品理念，還能和有緣人交朋友。成為人生百味的街賣頭家後，他時常向客人細數不同產品的特色、製作背景，認真推廣自己也愛吃的產品。

除了街賣工作外，勵端平時也熱愛畫畫，經常在他擺滿街賣品的皮箱旁執起畫筆，描繪記憶中的家鄉意象。勵端的記憶力連年輕人都感到驚嘆，他總能相當精準地說出自己中風住院的日期、教會地址與居住的時間長度，甚至是國中時期英文課本的單元主題，在言談間重複提起，卻沒有任何不一致。

「我現在看起來很窮，但什麼都不缺啊！」或許是實實在在地經歷過人生的起落、也認真地生活，用力地創作、奉獻，才使生命的碎片多了些色彩吧。透過畫畫、街賣，勵端對生命仍保有熱情，並在與人的互動中一點一滴修補斷裂的人際關係。

在協會開設的才藝班課堂上，眾人照著老師指導的步驟仔細雕琢陶土，勵端早已用自己的方式完成了作品，舉手向老師報告。勵端不按牌理出牌的創作經常惹得滿屋子哄堂大笑，而他似乎也能在這樣熱鬧的氣氛中，流露自在自適的樣子。

勵端固定每週四到這裡上課，即使行動不便的他需要拖著沉重的行李箱走上半小時的路，然而，才藝班不只能接觸他最愛的美術課，課後他向老師與學員們展示街賣新商品、社工協助視力不好的他閱讀藥單，偶爾他也帶著收到的年節禮盒與大家分享，都是教室裡常見的光景。

觀察著勵端與課堂同學、老師以及社工的互動，那就像是一個小家庭尋常的場景——有時口角、有時打鬧，更多時候，就只是一群人共處在一個空間，靜靜地、安心地做著自己的事。

教室裡的背景音樂播送到《流浪者的獨白》，勵端小聲地哼著歌，另一位平時獨鍾搖滾樂的輝哥也閉上雙眼聆聽。一首歌彷彿使兩種迥異的人生，在某個片段中交會，道盡彼此心領神會的孤獨。

「怎麼看你一直都那麼瘦啊？」「中風後視力就越來越不行嘍。」下課後，平時沒太多交集的勵端與輝哥仍有一句沒一句地聊著。如此的相處可稱之為家嗎？老老的房中仍偶有衝突、偶有歡笑，協會夥伴與學員們在每場用盡氣力的課程中彼此陪伴。

這不知是否能被定義為家的空間，確實正收納進一群人，撞擊著也療癒著，緩緩修復每個有家、無家、畏家的參與者身上，肉眼無法察覺的傷口。

延伸議題

關於居住，我想說的其實是

在討論起如何解決流浪問題時，居住，幾乎是每位無家者最直觀也重要的需求。然而「有家可歸」這件大事，其中牽涉的，並不僅僅只是幾面遮風避雨的牆。

只要嘗試露宿在外幾天，便可深刻直接地感受到：睡街上一點都不舒服。地板的冰冷硬度，以及周圍交通、人聲、燈照等所造成種種壓迫，在街頭過夜的人們，一般睡眠品質都相當糟糕，這直接影響到是否有體力應付工作或隔天的日常。一位好不容易應徵上清潔派遣的阿姨，在打掃了一週後，雙手突然嚴重抽痛，診斷後才發現是因長期睡在街頭的姿勢擠壓而造成神經發炎。無法繼續執行清潔任務，使她再度痛失了自立的機會。

人若無法安心居住，生理與生活狀態都將快速惡化；並在露宿期間，可能同時與周圍居民、社群，樹立起緊張的對立關係。目前國內外皆傾向為無家者提供「先安置（Housing First）」的協助，其中包含協助租屋與安置進短居所。

社福體制編列收容中心與各種形式的庇護所，入住並不需要自費。但以台北市為例，目前約有七百多名的無家者，公辦及民間團體現階段僅能提供不到兩百個床位，經常處於滿床，甚至超收狀況。許多無家者沒有機會入住，或是居住一段時間後，無法達到能夠自立生活的階段要求，就必須釋出床位給其他人。

曾任於公部門的工作者告訴我們，由於政府有固定編列的預算，公辦收容中心所能投入的資源其實超過我們的想像，撇除床位不足的問題，在餐食、輔導等方面的協助算是十分周全的。經過聊天與訪談，能發現許多街頭上不願意入住的人，是因無法適應受約束的生活，或安置處距離等待上工的地點太遠。不過，機構也是迫於周圍住戶、地價等等壓力，不得不選在較遠離市區的地方；而嚴格的管制，也常是出於人手不足與成癮者難以約束而造成。

而較有選擇自由租屋的人呢？他們仍礙於經濟能力，只負擔得起坪數相當小的房間。一位爺爺才因糖尿病截去右腳，出了院便得想辦法爬進位在地下室的租房，在尚未申請到送餐服務時，每天吃飯也只能自己想辦法處理。或許如果睡在公園或車站，爺爺還能拿到捐贈的便當，但若沒有固定的居住點可供訪視，是無法申請社會福利的。配套措施尚未健全，是現今無家者所落入的矛盾困境。

通常只有符合老年或身心障礙等資格，得到的社會救助金才支付得起房租與生活費而無虞。在街上的人們，曾試圖工作、試圖擺脫窘境，卻載浮載沉地，有時租得起房，繳不出房租後又回到街頭。來來回回，直到生命被磨損得老了，殘破不堪了，才被送進陌生小空間內，脫離了他好幾年前早說要逃，卻在磨合、適應、打滾過後，逐漸熟悉起的街頭。

大部分的無家者在不被普遍定義為家的地方落腳，即使有些人能進入暫時得到庇護的中繼狀態，居住的需求仍不一定能獲得正視。於是問題回到最源頭：當有了遮風避雨的住處，無家者的問題就解決了嗎？

外人眼中看來複雜危險、龍蛇雜處的公園，對於睡在這裡的人們，似乎又是另種微妙樣貌。

「去裡面（收容中心）不能感動天啊！（指喝酒），我們感動天協會的會員好多喔，在裡面總是會忍不住，一旦身上被聞到酒味就會被趕走。」

總是用其他詞彙來代稱「酒」字，公園的大叔像是在傾訴長期不被理解的委屈——有關流浪生活與菸酒濃厚的友伴關係。但與其說他離不開菸酒的癮頭，不如說是街頭上的飲酒與抽菸文化有其值得深刻了解的脈絡。

在街頭生存未嘗不需要朋友，結束整天累人的粗重工作，將部分收入用來買酒、買菸請朋友，不僅單純有樂同享，更是彼此間關係、默契甚至利益的累積。和你我如此相似，街上的人們也會和朋友聚會、培養共同的興趣。只是當情境轉換到街頭，交誼的物品置換成了貼滿負面標籤的媒介，便被忽略了背後存在著同樣的社交目的，以及菸酒氣瀰漫後，無家者有可能得以修補起在主流社會無法順利發展的人際關係。

導致無家狀態的千百種歸因中，人際關係的斷裂往往是最直接，也最難以修補的一環。街頭上的人們遭遇過不同的生命挫折，但「失去與人的連結」卻是共同的經驗。許多流浪者難以重返家庭生活，甚至在申請社會補助遭遇限制時，因過去犯下錯誤而對伴侶、子女滿懷虧欠，所以即使能夠透過法律途徑來達成申請條件，卻也鮮少有人願意和子女打官司；即便見上一面就有機會解決問題，對彼此來說，都是非常艱難的一步。

無家者心中的家，會是什麼樣子？

答案可能千百萬種。此刻落腳處，大概尚且無法符合理想中的「家」。但街頭上不少人，與身旁朋友、社工或團體的熟悉程度，有時甚至超過家人。流浪導師香菜就說，他曾經做粗工時發生嚴重事故，要做手術需要家人簽名，家人卻以「太忙了」的理由拒絕，反倒是公園的朋友，在身邊幫忙、照顧了他好幾個月。

於是反思之後，大眾對於「家」的想像是否太過刻板？追求穩定卻封閉的生存住所，以及相對開放、得以透過與人互動來重建人際連結的街頭，究竟哪一個才是真正的自由？

我們難以得知「回歸社會」是否為每位無家者最終的想望，然而，家所代表的安穩形象，以各種形式存在灰色地帶與主流社會之間。唯有社會安全網在延展地更遠、更廣的同時，也不忘修補被拉扯地過大的孔隙，才能在每個面向貼合人們的需求，在真正友善的社會裡維持得更長久。

生存以上，生活未滿

這天晚上車站阿北的身邊坐了一些朋友，地上擺了幾盒滷味跟香菸。「現在也有人送滷味跟菸喔？」終於按捺不住累積到肺的好奇心，我們蹲下來詢問。「怎麼可能，當然是用買的啊。」惹來阿北跟他朋友的一陣恥笑。

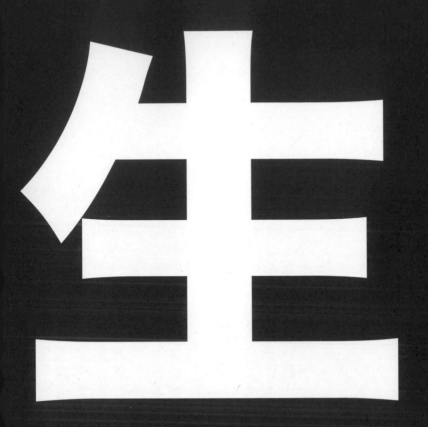

儘管可以從各個角落挖掘到維持生命的資源，但若希望日子更安穩，避免暴露在有一餐沒一餐的風險下，能補貼日常的工作和任何最近消息都是相當重要的資源。許多人對於街頭掙錢的想像常只停留在乞討，但其實街頭工作類型百百種，阿北跟他的小夥伴經常一個月內輪著做三四種工作，因應每種需求的淡旺季，有些需要高勞動，有些則得耗盡腦力。

由於身處環境充滿不穩定性，口袋有些現金總是比較保險，領日薪的臨時工作相對受歡迎。但每天哪裡來這麼多零工需求，又要去哪裡找呢？這時可靠的資訊蒐集與人脈網絡這些軟實力便浮起。也就是說，阿北吃的不是滷味，而是情報。從閒聊中通常能得知明天哪裡有便當領，哪家派遣公司有缺人手，資深生存高手甚至和工頭

活

保持著密切聯絡，隨時可得到職缺的第一手資訊。

工作有時是為了增加收入，有時則是為了勞動本身。欸，你別看我年紀大了，到現在還可以做很多粗活，體力好的很吶！儘管時間不固定，但努力求職這樣的動力，支持著自己度過每天，以及也許多一點，有天能回到「正規」生活的願望。

「每次有領工錢的話，送便當我都會讓給其他有需要的人！」阿北豪爽地說。跟你爭我奪比起來，街頭上的資源時常是流動的，反正彼此擁有的都不多，大家互通才有辦法支撐得久，這才是紮紮實實的共享經濟。

工作

人人有工打，街頭百大職人

有吃有喝有地方睡的話，人還需要工作嗎？

調查顯示，城市中超過七成流浪者是有工作的。但由於身體狀況的種種不方便、不一定能提供固定聯絡地址或電話，以及各種傳統產業快速汰換與轉移等眾多原因交雜，儘管街上的人們背後，可能各個身懷著經年累月的專長與技藝，現階段透過報紙、就業輔導站，所找得到、能選擇的工作仍然少之又少。

而無家者為什麼要工作？

儘管不斷在街上磨練著斷捨離的極簡生活，現實仍時常出現急用現金的突發狀況，有時是看病買藥，有時則可能遇到整天尋覓不到食物，畢竟露宿在外，總有那麼些不測風雲；一些生存者賺錢是為了提升生存品質，有收入的話便可選擇吃什麼當晚餐、睡在有冷氣不會趕人的網咖或包廂三溫暖，儘管聽起來平凡無奇，卻仍是手中珍貴的選擇權利；又或者，除了生存的基礎需求，買菸、收藏品或請客，這些小小奢侈在苦悶的日子中，為街上人們排遣了不少寂寞。

因應城市生存的變化無常，這裡將為大家介紹幾種臨時性、挑戰性皆高的街頭工作。一起用釣竿想辦法在快乾枯的河裡釣出魚吧！

評比標準

不看說明，誤你一生！

勞力付出度

付出越多力不代表薪水會比較高、身體會練比較壯喔，汗流比較多倒是真的。

交通便利度

有些打工會包車接送，有些則要自己到指定地點集合，不先搞清楚會被丟包喔。

成就感指數

工作的充實感、待遇的滿意度，下班後回想起一天是否會讓你抬頭挺胸呢？

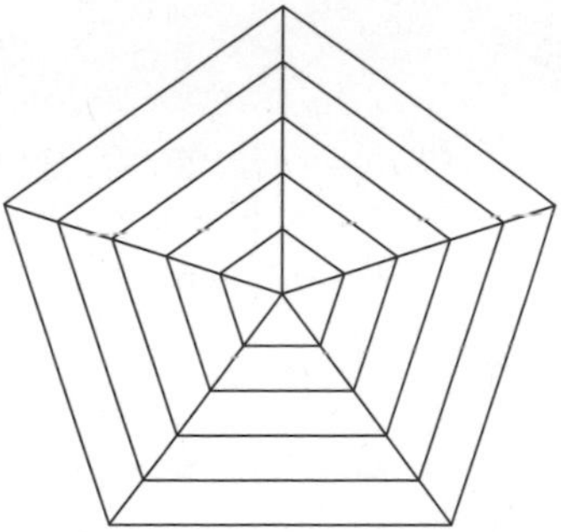

待遇滿意度

附不附便當茶水，有沒有休息時間，專業打工王不可忽略的評比項目！

人際互動感

一個人做工是清幽，一群人做工叫鬧熱，今天打工你想選哪種？

資源點 舉牌

評比

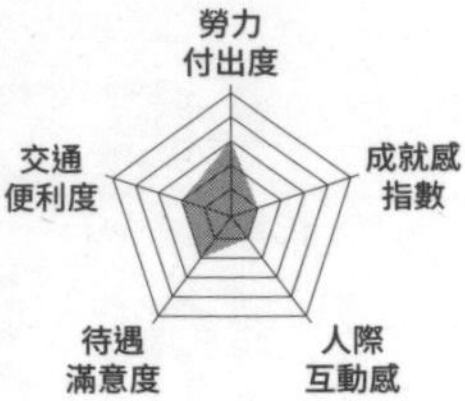

在蔡明亮導演發表了電影《郊遊》後，許多人才驚訝地注意到一個個巨大房地產廣告背後，被遮蔽的百種故事與身影。

舉牌或派報等非典型就業，是街頭上最常見的工作之一，卻只有週末假日才有職缺需求，競爭相當激烈。勞動者必須盡可能提早一週前往公司面試，確定錄取後，要在工作日當天清晨抵達集合地。舉牌工作時間為每工作一小時休息十分鐘，當天結束後會派車將廣告牌與人一同接回派遣公司，發完日薪後解散。平均的行情價是七百五十到八百五十元，若是透過其他人介紹，很有可能會再被抽走一兩百元的仲介費。加上通勤往返時間，估計一天超過十一小時都在為工作奔波。

舉牌看似勞動成分不高，其實整天站在戶外，無論水分或體力皆耗損得相當快速，所以上工時一定要記得攜帶水瓶和小板凳，生存老手則一定會自備彈力繩，將廣告牌綁在電線桿或路燈上。

諷刺的是，舉牌工舉著房產廣告一整天，卻連一坪也買不起，上工即刻享有全世界最遠距離的體驗。

使用者心得

小胖
街遊導覽員

公園旁邊的這塊空地，每天會有不少人在等工作，工頭也知道要來這裡找人，舉牌是由派報公司負責，我來台北後，不到一週就找到工作了，是工頭自己來找人。通常是早上五、六點到公園空地碰碰運氣看有沒有職缺，但我後來有和人力派遣公司簽約，雖然內容不平等，但也因此工作機會變得較多。我一開始做舉牌的工作，後來也做陣頭，也是認識的工頭找的。後來開始幫工頭處理一些事，像是收款啦，發薪水之類的。沒有被加薪，但就當作是互相幫忙啦，工頭也很信任我。

因為癌症治療的關係，我身體較虛弱。在非營利組織裡，我最近開始做真人圖書館和街遊導覽，其實動嘴巴跟頭腦也是很辛苦的。另外，我很喜歡演戲，曾經在劇場軋過角，現在還會去劇團練習伸展。

猴子
35歲，夢想城鄉工作夥伴

以前國中暑假想要賺點外快，經過朋友介紹後，就自己跑去派報公司面試。派報有分舉牌跟發傳單，到工作當天才直接分配，我兩種都做過。那時候舉牌被放到一個鳥不生蛋的地方，想上廁所還得走二十分鐘到最近的加油站。公司規定你一定要帶著牌子，不在時要把牌子藏好，我之後才知道原來不見是要賠錢的。而且必須用手舉著牌，會有人不定時監督，我們還被要求得左右搖晃牌子吸引路過的人注意。整天下來根本不能做其他事，頂多就聽聽音樂吧，完全感受到自己是用時間兌換金錢，整個人完全被綁死在這裡。

以前沒想過舉牌是誰在做的工作，進入協會後，才發現認識的老人家和無家者都有這樣的工作經驗。

資源點 回收

評比

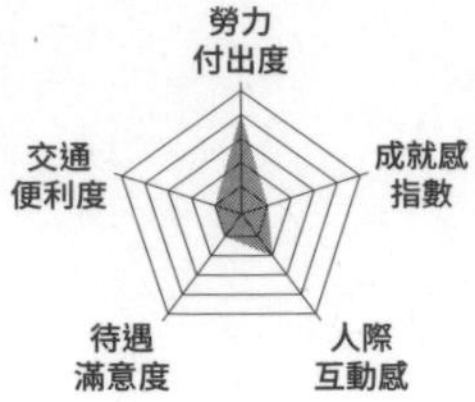

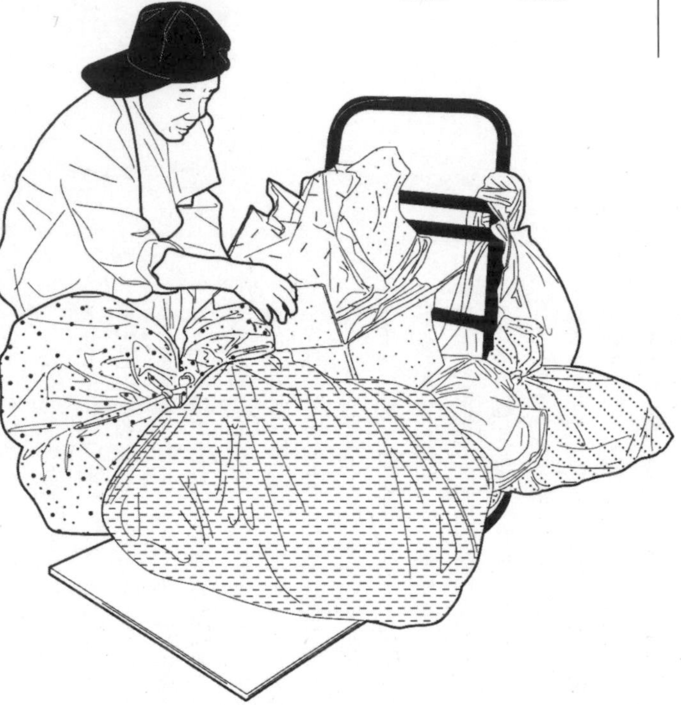

撿回收是街頭工作中入門門檻較低的一項，只要手邊有個垃圾袋或推車，隨時隨地都可以開始工作。乍聽之下簡單，但這絕不是份容易工作，雖然網路常流傳著「回收阿公阿嬤都有兩棟樓」等都市傳說，事實上根據回收站公告的資訊，紙類回收每公斤約二到六元、寶特瓶每公斤約四元，撿到天荒地老也難買到一坪大。

這麼低的價位該如何生存？專業的生存前輩指導，所有回收物以金屬類單價最高，如果幸運看到電器用品，裡面的黃銅零件可是貴重金屬，一定要拆開來分類賣，才能一次集到較好看的金額！而同品項回收物又可再做細分，光是紙類就有純白紙、紙板、廣告單、舊書等區別，價位也不盡相同，分得越細賣越有賺頭，如何增加點零用錢的功力便在於此。而最厲害的高手，連人際關係都會打理得良好，認識越多店家、熱炒攤，便增加更多獨家合作的機會。

想在城市狹縫中找到小小寶藏嗎？就用細心耐性來場直球對決吧。

使用者心得

珮綺
24歲，研究生

我跟夥伴分頭在熱鬧的商圈撿回收，一開始必須把手伸進去垃圾桶，但後來發現其實垃圾桶沒鎖，可以把底部拉出來，變得方便多了。當下確實感到不好意思，除了路人的眼光外，看見其他感覺比自己更需要資源的阿嬤也在撿時，內心也掙扎了一下。

我認識一位曾經是無家者的大哥——阿俊，他平常主要是在從事以工代賑等工作，另外利用零碎時間撿回收。但有位常看到阿俊在做回收的店員就說，他覺得阿俊該再積極點，擴大撿回收的範圍。但我內心其實不斷想著，要努力到什麼程度呢？拚命努力後，就可以脫離現在的困境嗎？

還記得那時回收體驗，我們努力撿了很多價錢較好的鋁罐，最後卻被偷了。當下感到很可惜，好像辛苦勞動都白費了，只能嘆了口氣，捲起袖子繼續做，日子還是要過。

阿俊
68歲，街頭導覽員

人家都說我是這條街的街長：以前我在這一帶很活躍，做西裝、跑舞廳，後來人生跌跤，晚上也是睡在這條街上，平常在這一帶撿回收。附近的住戶、便利商店跟餐廳都會讓我收他們的回收，我以前還會兼收垃圾，家戶會把垃圾包好放在外面，我會統一拿去丟，一個月下來會多幾千塊收入，不過現在時間不夠沒在做了。

這間海產店我都會坐在外面幫忙招呼客人，門口那個紅色塑膠椅就是我專屬的位子。老闆常會請我吃飯，今天就吃了大蝦子，晚上要睡不著了哈。

回收真的不好賺，以前能賣兩百塊的量，現在只能賺一百多吧。不過我現在也很少做了，比較多是把回收收起來後分類好，給朋友再跟他們平分。我住的地方有個阿婆，我也會把回收給她。

然後，之前睡騎樓的時候，有天腳踏車上的雨衣不知道被誰拿走了。（問：是被偷了嗎？）我不會說偷啦，拿走的人應該很需要，就當借他。

資源點

粗工

評比

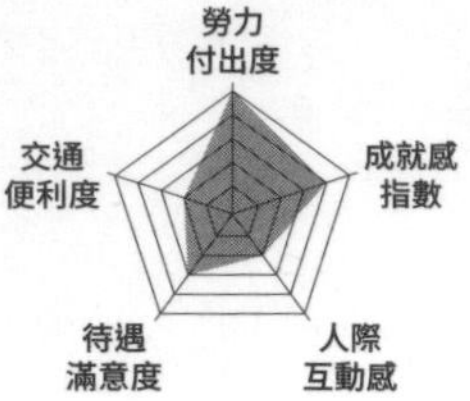

若對於體力頗有自信，粗工是份值得一試的工作：不僅工作期間每日工時固定，且收入也較其他臨時工高。打雜清潔的臨時工一天約可賺一千一百元，若具備操作機械等技能則可領到兩千至兩千五百元。不過除了體能之外，最好也能自備些運氣，因為臨時粗工是不會投保保險的，在工地受傷的結果通常只能自行負擔，而為保安全第一穿戴的安全帽和反光背心，大多需要自備。

粗工可隨時至工程公司報名面試，若幸運恰巧有工作缺額，當日便會馬上上工，否則便要待到出現職缺的前一天才會收到通知。錄取者需要自行前往工地，若剛好遇到需要加派更多人手時，也有些工程公司會派車載送大家。工作時間為早上八點至下午五點，中午不一定會準備便當，必須先向工頭確認，沒有附餐的話工頭或工地福利社有時也能協助團購。

儘管充滿未知與風險，仍有不少人投入粗工工作，因為就算不做，坐在街頭也同樣只能徬徨不安地度過一天吧。

使用者心得

不具名阿北

70歲，打工

我今天好累，現在才剛從基隆回來（台北車站）。基本上我什麼工作都做過，舉牌啦，陣頭，今天剛好就是去做粗工。身上的這些安全帽、反光背心都是自己買的，我跟其他流浪的人不一樣，很努力工作也有存一些錢。雖然七十歲了，但身體非常強壯呢！我每天都有在工作，最近工程很多，大樓一直蓋不停，我已經跑快一個月的工地了，根本沒時間休息。很多人常常光說不練，工作哪會難找？你看我皮夾裡面，有不少現金喔，銀行裡也有一些，再過一陣子就能租房子了……想租舒服點的啊，不過那樣錢一下就花完了吧？而且我都在工作沒時間去找，之後再看看吧……

貴智

25歲，流浪體驗營學員（人生百味工作夥伴）

穿戴上頭盔、手套跟反光背心，跨過鋼筋、水泥和木板，我們在一個陰暗、充滿泥巴積水、空氣非常悶且廣大到看不見盡頭的地下室裡，不到二十分鐘鞋子已經濕透，旁邊大哥也笑我們怎麼不穿雨鞋。工作內容主要是搬木頭鐵管、拔釘子、把相同東西分類、從廢料堆中找出還能用的木頭。老實說才十一點我就快不行了，勞動時頭腦一片空白，每個人默默地工作著，菸倒是一根一根抽，威士比也是一口接一口，一般人可能會覺得很不好又傷身，但似乎在這種工作環境下，唯一的樂趣也只剩如此。我能同理他們，畢竟看得連自己都想抽了。

回程時，我坐在公車靠窗的雙人座，四十分鐘路程中，很訝異大家都選擇站著，沒什麼人過來坐我旁邊的空位。難道是因為我又髒又臭嗎？今天很努力工作，又自食其力的我，還不能融入社會嗎？抱著很疑惑的心情，準備下車了。

資源點 街賣

評比

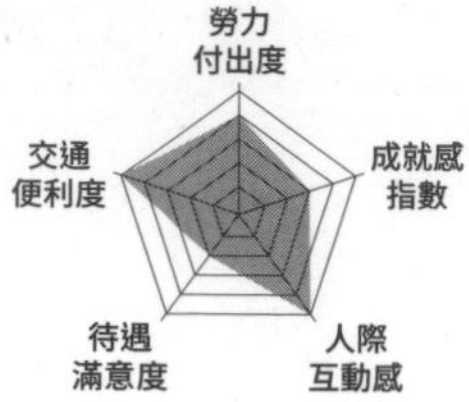

口香糖、玉蘭花、日用品，在熱鬧地段或捷運站口，常會出現這些熟悉的商品販售者。

台灣的街賣者普遍多為身心障礙、高齡或來自清寒家庭，希望透過雙手養活自己或支撐家人，卻在就業時面臨工作環境對障礙者不夠友善，以及過高的勞力與工時需求，在難以負擔的狀態下，人們選擇了在街上做起小本生意，以求溫飽。

由於外型與販售商品看起來大同小異，不免引人好奇，難道真有傳說中的集團控制或黑道介入嗎？街賣頭家聽到後大笑：「這種東西利潤很低，黑道應該參與不下去啦！」為什麼賣來賣去都是那幾樣東西呢？頭家們解釋，因為大家都賣，比較不會出錯。畢竟手頭不寬裕，生存者們實在難以承擔嘗試新商品的風險。

街賣工作看似自由，其實都得靠頭家們經年累月的功力，以及與周圍人事物培養出的默契：商品要讓消費者一目了然，價位要訂得短時間內好掏好付好找錢，另外還得隨時眼觀四面注意取締。

頭家們就像是遊戲裡的神秘商人，小小籃內的銷售奇蹟，可是門大智慧哪！

使用者心得

小明

43歲，人生百味合作頭家

我與伴侶小樺之前是在庇護工廠做打字員，但公司內的氛圍緊繃，工作起來壓力相當大，最後精神難以負荷下，我們決定離職。之前去醫院時我都會跟一個老先生買玉蘭花，後來便跑去請教他，跟小樺從此展開了街賣人生。

玉蘭花的話，前一晚會先訂貨，但實際送來的量並不一定，畢竟是得看天吃飯的農作物。花商約凌晨四五點會將花送來，這時一定要先擦掉露水跟去除硬梗。

中午出門前，媽媽會協助我準備器具與設備，大概要花半個小時才能將所有商品跟桌板安置好。

過去在捷運通勤途中，我就會開始串玉蘭花。花梗大小不一，剛開始手常被鐵絲刺破，一樣的傷口還會連續被刺好幾次，做了幾個月才開始比較上手。

很有趣的是，我後來發現相較於東西一次全串好，大家對於邊工作邊串花這樣的行為似乎較肯定，也比較願意購買。於是我現在都是到了定點後才開始慢慢做。

在街頭工作，最常接觸到的就是人了。這附近的店家很照顧我們，藥局會借我們櫃子放貨品，小吃店老闆會多包小菜給我們，鐘錶店老闆娘出國玩回來還會送紀念品，真的很溫馨。附近擺攤的人也都認識，常會聊天互開玩笑。

去年開始合作販售更多種有趣商品，也受邀到學校分享經驗。在各種嘗試的過程中，我們認識了新朋友，也逐漸讓大眾理解到街賣的辛苦與背後故事。許多人可能認為街頭很無情、冷漠，但我們仍在一些時候會接收到適時的溫暖與關心。

百味特搜 陣頭

評比

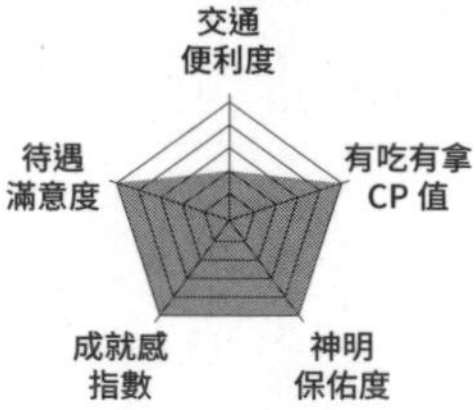

談到陣頭工作，竟意外受到許多街頭生存前輩的喜愛。「我最喜歡做的就是陣頭了」、「上次廟裡請的麻油雞有夠好吃」、「工作中順便求到發財金六百塊！」諸如此類的好評如潮水般湧現。

陣頭分為黑紅兩種，黑色為喪事，紅色則是廟會。黑陣頭費時約一個早上，行情價五百元。而慶典屬性的紅陣頭時間則不固定，有人就曾經在媽祖生日時期接到為期近一個月的陣頭工作，被遊覽車接送環遊台灣大半圈，一天則有八百元收入。工作內容可分為樂隊與舉道具兩種，道具如風帆、拿旗，要提早到廟裡協助上下車；而樂隊則是吹奏北管，聽起來門檻似乎很高，但前輩們掛保證，不會吹也不用怕：「最前面那台車音響會放很大聲，你手勢學一下就好了。」

雖然與舉牌的薪水一樣，但廟方會大方提供餐點，從早餐便會送來古早味爌肉、油飯，中午有便當或麻油雞，並且隨車準備冰桶放置瓶裝水與飲料，有時甚至還有冰鎮啤酒，「不過是為了降溫啦，不可以喝多！」或許因為跟神明相當貼近，大家也自然謹守分寸。廟裡也常備塑膠椅讓勞動者在休息時可以舒服些，綜合評比下來，確實是相當富有人情味的工作。

如此熱門的職缺該如何爭取？身經百戰的街頭生存者們身上都備有本行事曆，記錄一整年全台的廟會活動，早在兩個月前便與熟識的工頭敲定通告。陣頭工作常是熟人相互走告，對初入街頭的新手而言其實可遇不可求。

在城市中，廟宇過往凝聚人與活動的核心地位逐漸淡化；需要大量人力的廟會慶典，早年多是由廟宇所轄的信徒組織負責，今日逐漸演化成為招募臨時工作人員。「我們常在廟會裡遇到熟人啊，」前輩笑了笑，「就算不認識也知道，十個裡面有七個是街上的啦。」

今日城市廟會，再次匯集起一群人，成為街頭生存中，短暫共存的熱鬧時光。

街頭生存小撇步

職人穿搭

滿足了基本生存所需之後，終於要出門工作啦！（雖然睡處明明沒有門）

行前建議參考專業職人穿搭，才不會跑錯棚鬧笑話，還因缺少適合的裝備而事倍功半，流下雙行淚。

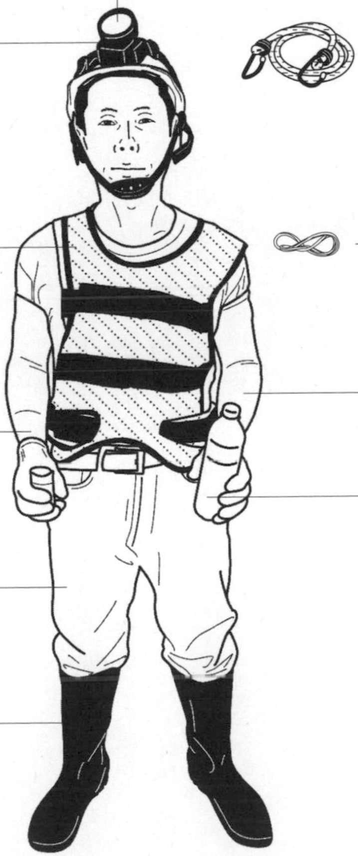

探照頭燈

時機歹歹，回收常常要撿到三更半夜才夠補貼一點生活費，做粗工也不知道會不會被工頭分配到陰暗的工地，頭燈是照亮前方路的必備夥伴。

工程帽

提到安全就不能少了工地必備的安全帽，不只適用施工現場，馬路如虎口，舉牌、街賣時也是建議搭配的工作裝備。

反光背心

舉牌、街賣時穿著反光背心，更能吸引路過駕駛的目光，偶爾需要在車陣中穿梭時也較為安全。

工作手套

任何街頭工作的必備單品，不管是整理資源回收物、舉牌、陣頭和粗工，雙手都需要保護。

長褲

防鞭炮炸、防鐵管戳。在陣頭、粗工，穿著長褲是職場的基本常識。

雨鞋

有如在工地的雙腳，有雙雨鞋才能在粗工的現場行動自如。雨鞋防滑、耐穿，在工地保障安全可是很重要的！

彈力繩

舉牌若是遇到較不嚴格的頭兒，便可以利用有彈性的繩子，把建案的廣告牌固定在柱子上，不只省了大半力氣，還可以在工作時偷懶滑手機。

橡皮筋

臨時工都是領現金的，當然要把辛苦了一整天的工資小心收好，用橡皮筋捆緊以免散落一地。

袖套

工作職人的加分配件，美觀與防曬兼具。

結冰水

街頭工作往往是工時長、高度密集的體力勞動，天氣熱時，飲料一離開冷藏就迅速變成常溫。所以出外工作時帶上幾罐結冰水，才能讓體力跟冰度一樣持久，別耗盡得太快。

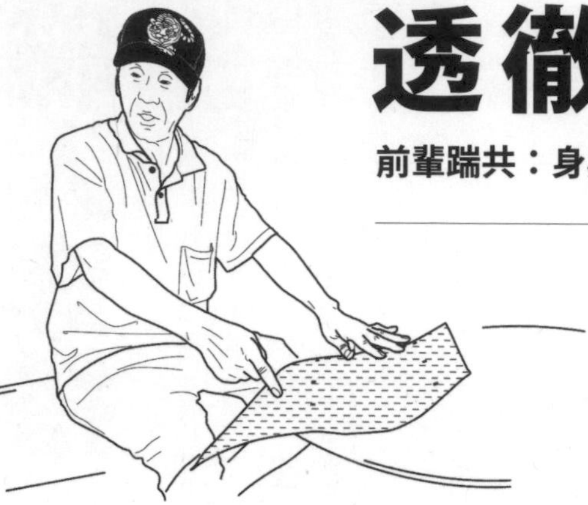

透徹

前輩踹共：身為職業生存者④

「那真不是人幹的！」

在街頭五年，透徹大哥細數曾經做過的工作：舉牌、陣頭、派發 DM 等等。其中舉牌是持續最久的，但回憶起來，他卻屢次如此大罵。有段時間，常會有派報社聯絡人到台北車站地下街去找街友幫忙舉牌，透徹大哥就是這樣找到這份相對「穩定」的工作。

他們每逢六、日工作八小時，每小時可小歇十分鐘，午休一小時，日領八百元，平日則為七百五十元。透徹大哥年事已高，膽、胃都相繼動過刀，無法勝任日薪一千兩百元的粗工，工作選擇、收入來源相對少的他，一個月僅有六千四百元入帳，在台北不只無法掙得安身之所，連吃、穿等基本需求都無法滿足。

「做了舉牌，我才知道什麼叫風吹日曬雨淋。」

原來，舉牌人不是隨意地站在一旁扶著廣告牌即可，還必須把牌子拿得端正。有些牌子為了吸睛做得十分巨大，在一些風大的十字路口，一個拿不穩就會壓到舉牌人。天熱要披著公司的外套，雨天只能穿雨衣，這就是舉牌人的生活。這些年來，透徹大哥舉遍天母、陽明山上豪宅的廣告牌，卻只能在停車場度過自己的四季。

平日裡，大哥也會接一些陣頭的工作，日薪五百到八百元不等。他還曾被找去為抗議活動充人數，「好像是靠近台北車站關於媒體的一個抗議事件吧，那場拿了四百塊。」乍聽之下，價位竟比起其他工作低了不少。「臨時工就是一個願打一個願挨，有時也不知道對方會給多少。」透徹大哥無奈道。

「啊對，千萬不要去發傳單！那個在大馬路上那麼多車，要趁紅燈的時候下去發給車主，綠燈前又要跑回來，又累、又危險！」選擇不多，但工作經驗豐富的他，說到這些總能有分享不完的甘苦談。

這天下著大雨，我們跟著大哥走過西園路二段迂迴曲折的小巷，爬上陳舊卻別有風味的老舊社區。抵達他的租屋處後，我問大哥需不需要脫鞋？大哥說隨我們意，抬頭一看——竟是一整片雪白發亮的磁磚地板。

原來，自去年摔斷腿後無法繼續舉牌，透徹大哥就在社會局的協助下結束了露宿街頭的日子。現在的他，每天早上七點到十點會在附近社區打掃，以工代賑，結束後還會回家拖地。待一切都清掃完畢，他就拿著每日五百元的工資，到附近超市買食材自行下廚，也分享給收入不多的室友們。透徹大哥愛玩今彩539，小賭怡情，還研發出自己的一套預測理論，閒來無事就窩在房裡研究，或搭公車去附近的圖書館看報。這樣的生活已經持續一年多。

透徹大哥是台南人，曾為空軍軍官十五年，育有一對兒女。身體不好的他提前退役動手術，後來發現太太外遇而離婚。賦閒在家後，他開始賭博。一開始六合彩中了六、七十萬，初嘗甜頭。接著十賭九輸，債務越陷越深，每個月累積兩、三萬的卡債。最後，只得用老家房子貸了一百萬來還朋友錢，並因為無法再負擔銀行貸款而宣布破產。當時，透徹大哥只要再五年即可月領五萬，享受悠哉的退休生活。人生風雲驟變，透徹大哥只得在五十八歲那年北上求生存。年邁的他，在台北找不到工作，於是開始流浪過生活。

「一開始到台北齁，人海茫茫，也要衡量自己接下來的吃住，不能馬上去租旅館啊。」透徹大哥發現當時的台北車站地下停車場內，許多街友鋪了紙板就地入眠，就也加入他們一行。「不可能一開始就習慣啦，一開始怎麼睡得著，沒想到這一睡就是五年。」

夏天的時候，透徹大哥喜歡從台北車站步行到中山市場附近的圖書館休息，避暑之餘也看看書報，「更新一下社會資訊、進修自己」。來台北幾個月後，他的盤纏近乎用盡，在往圖書館的路上，瞥見公共電話亭上貼著恩友與救世軍的傳單，寫著教會免費供餐、盥洗的資訊。不久，又無意中發現車站後方的普濟寺每月有四天會發放素便當。就這樣，透徹大哥在最艱難的日子裡撐了下去。

如今，透徹大哥已經滿六十五歲，具備申請低收入戶的資格，可領將近兩萬元的補助金。但他告訴我們，只要還有能力靠自己，就不會去申請；還特別強調，早在工作穩定後，他就不曾到恩友吃飯，只去救世軍洗澡，時間碰上的話才拿一份便當。談起過往，透徹大哥總會帶著一些歉疚：「我不想成為社會負擔啦。」

曾經因為賭博而墜落的他，現在可以養活自己、可以供曾經一起流浪的室友一頓溫飽。雖然以工代賑的微薄收入，偶爾也會讓他入不敷出——房租、吃穿、看病複診及通勤費……然而，在這些生活瑣事之外，他仍然堅持著小小的嗜好：今彩 539。

人畢竟不可能只是活著的　，哪個人沒有一點癮、哪門興趣不花錢呢。

採光良好的房間裡，書桌上散放著一張張全開大小的 539 牌機號碼表。過著半退休生活的透徹，閒來無事就坐在那裡，用紅色簽字筆，一格一格地推算開彩邏輯、找尋本期的幸運數字，彷彿想要討回那些失落的過去。久了，竟也讓他研發出自己的一套理論。

「如果我贏了八百萬，我一定要把一半捐出去！」

他總是如此嚷著。

延伸議題

關於工作，我想說的其實是

早上八九點，對許多人來說，正是通勤趕車，準備邁向一天開始的尖峰時刻。等紅燈時，你從擁擠不堪的車潮中探出頭喘口氣，目光正對到了蜷縮在路邊長椅上呼呼大睡的身影。

身旁乘客發出「嘖」一聲，媽媽路過時拉緊了孩子的手。一切彷彿順理成章，你甚至可以猜測到九成精準的對白：「大清早不努力工作，難怪會變街友！」、「你以後要好好用功，不然長大會跟他一樣。」

在眾人庸庸碌碌的時刻仍未起身——「放棄抵抗、怠惰成性」，無家者被污名化的理由，看似切合著那些陪同我們成長的童話寓言：不努力者理當被淘汰；於是我們轉身，並未多想，繼續在生活中打拚，和那看似與自己毫無關聯的人生擦肩而過。

街頭打盹的身影，猶如冰山微微露出的一小角。當人潛入水面下，才驚訝發覺那龐大而悲傷的故事始末。

《遊民問題調查》中指出，高達七成以上的無家者有工作，但收入極不穩定，平均月收入不到六千元。此數據一出，便使大眾感到錯愕：如果大多數人有工作，為何仍時常可見大白天睡在路邊的身影？而一個月不到六千元的工作又是什麼內容？

為了記錄城市生存者常從事的工作內容，並親身體會其中感受，我們報名參加了非營利組織舉辦，為期三天兩夜的流浪生活體驗營。

露宿的第二天，清晨六點天尚未全亮，便被導師芫荽催促來到指定地點，此時已有幾位大哥大姐聚集——人們看起來侷促不安，彎著腰向點工的老先生打招呼。

開始算人頭時，我們卻突然被告知：今日點工人數已滿。

就在這瞬間，一天彷若被宣告結束。儘管我們不願放棄地四處詢問職缺，卻發現每種臨時工都是在前一天或早上七點時便已決定人選。天才亮，我們認知自己「好手好腳」，仍注定什麼也做不成。

「這就是街友禮拜一到四的常態：幾乎找不到工作。」導師說得平淡，我不服輸，想透過撿回收的方式，讓自己至少付出勞動、有份「踏實工作」。芫荾聽到卻搖搖頭：「你們自己去吧，我要補眠了。」最後，好不容易與流浪夥伴蒐集滿整車的紙箱，推到資源站一秤：六十八塊。

這是兩人半日勞動後的所得，不禁使人想起《泰利的街角》書中所描述的場景：一輛卡車駛入黑人貧困社區，吆喝著男性來從事粗工，卻沒人願意上車。司機咒罵這群人好吃懶做、只顧及時行樂。然而至今才明瞭，這群人並非目光短淺——反倒是早已透徹了解眼前的工作酬勞與辛苦不成正比，只有滿滿的勞累與未知傷害等在前方。

看著被叫起後睡眼惺忪的芫荾，正是因為體驗營有期限，使我們用盡全力與現狀搏鬥；而這街上的生存老手，則是來回了多少次徒勞無功後，終於決定放棄抵抗，用睡覺、發呆麻痺空胃，麻痺感受。

然後，長期背負著臭名的熟睡身影在此時恰巧被路人目擊，從此成為了「街友之所以是魯蛇」強而有力的鐵證。

絕大多數的無家者礙於學歷、經歷等外在條件不夠亮麗，僅存的就業選擇多屬於高勞力、高風險的非典型勞動，例如在工地揮汗如雨的臨時粗工，以及與房產廣告合為一體的舉牌人。這些工作時有時無，而當投入後，才發現大部分的時間，其實都花在等待：等待被點名上工、等待通勤、等待下工、等待通勤返回歸處、等待一日的結束。

有人問，怎麼不去找份「正當」的工作呢？

然而，幾乎大多數的無家者們，都曾經有份「正正當當」、「腳踏實地」的工作。不少人自年輕起便在傳統產業中擔任學徒——塑膠、製造、成衣。卻在產業遷移至勞力更便宜的國家時，人與技藝一同被遺落在這片土地。

自工業革命後，時至今日普世仍信仰著機械解放人力，你我將能適性發展、追尋更多生命的價值；但事實卻似乎偏離了理想的藍圖，機器取代人的當下，其所帶來的「效率、產量」也同時成為了指標，以片面、抽離的角度衡量人的價值。單用生產力看待勞動者，便輕易合理化了對年邁者、身心不便者和落魄者的淘汰與切割。

街上的人們，曾經是握有一把釣竿的。如今卻得無奈地徘徊街角，無處伸張。

那麼，當下在街頭的工作，有辦法找到新的翻轉契機嗎？

從二〇一五年開始進行「人生柑仔店」計畫，我們驚豔地發現街頭——這個平時被行人視為轉場的背景，街賣者們卻在此累積起了豐厚的經驗和社群：看似臨時性的工作，其實必須與周圍的店家、居民、消費者、同行乃至執法人員間，擁有一定的情感或默契，才能在人潮往來的路口安心進駐，不被取締或檢舉。柑仔店計畫中熟識的幾位頭家，帶領著我們看到街賣融入在地，與鄰居、店家、顧客成為了好友。

「這一行談的不只是賺多少，還有人際互動所帶來的成長與感動。有時候，一天賣不出多少，但只要有人上來問、有互動，就會想持續做下去。」過去一直支持著我們的頭家「校長」，即便冒著沒有生意的風險，他仍堅持不強迫推銷，「我把對鮮花做的研究，分享給顧客，讓顧客知道各種花該怎麼保存、可以放多久；我也會聽到顧客講自己種花、買花的經驗。這樣的教學相長，我覺得非常高興。」

「我需要工作，純粹就是希望自己持續工作。」一位街上的長者輕聲感慨。反思工作存在的意義，或許並不只為了追求肚皮溫飽、名利，或甚至主流認定的成功樣貌——工作，可能就單純地，是份注入內心的踏實。感受前進與累積，每晚閉眼前，會為明日將至而感到期待。

若人們需要一份安身立命的工作，那一份提供尊嚴與安全感的工作，就理當為人所常在。

資訊

沒有Wifi的日子，
四海之內皆網絡

城市的未知總是令人感到充滿期待卻又惶恐不安。

生存者最初是如何在人生地不熟的狀態下找到必備資源？可以找誰詢問？上哪裡洽詢？

智慧型手機與網路興起後，乍看之下資訊搜尋的門檻大幅降低，只要找到插座與無線網路便可暢行無阻；但若想網羅街頭累積的生活智慧，就算是精通肉搜的高手，也相當難在茫茫資訊海中撈到寶藏。而已成前輩的經驗老道者，曾經也走過長長一段摸索路程，淬鍊而成的技巧與社會資本該透過什麼管道分享給他人呢？

此外，我們時常聽到的「社會福利」呢？是否確實幫助到了需要的人？

在種種社會事件積累下，近年來社會工作者與社福制度不斷受到熱烈討論。

街頭生存者在此猶如灰色地帶，有時看起來是亟需救援或協助的對象，有時則像是治安的潛藏威脅。大多時候，路人與生存者間彷彿存在一面透明厚牆，儘管觸目可及，卻對對方的需求或認識一無所知。

放下手機吧，真正的生存智慧，就藏在街頭巷尾之中。

評比標準

不看說明，誤你一生！

取得門檻

交情深淺、需要申請，不同資訊各有管道與方法，想當街頭情報通可得注意了！

資訊正確度

五花八門的街頭資訊，哪一種的可信度最高呢？選我選我！

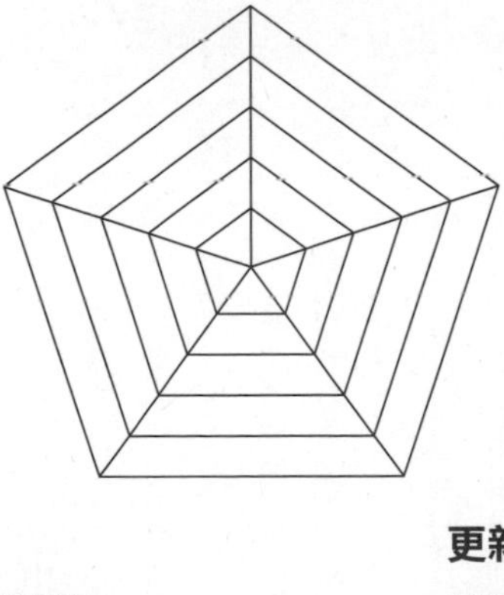

八卦趣味度

正不正確是一回事，樂趣也是相當重要的。人生要是沒有聊八卦，還有什麼好牽掛？

資訊好吸收度

如果指示太過複雜，連聽都聽不懂可不行，簡單有力好懂才是王道。

更新速度

明天臨時有工作缺！五分鐘前旁邊地下道有人在送便當！街頭資訊充滿了機動性。

資源點

公部門社福單位

評比

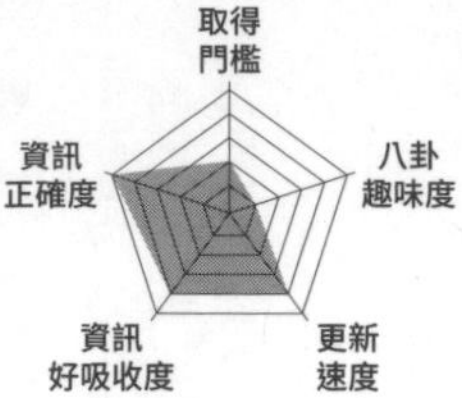

社工笑著說，街友社福單位應該是街頭情報的源頭。

一般街頭生存的初心者——或甚至社會大眾——並不一定清楚公部門的服務項目，許多人都是在外漂泊一段時間，認識街上的朋友後，才被介紹來局裡尋求協助。為此，社福單位也會時常進行外展服務：到街上尋找漂泊者並主動詢問是否需要協助，若手邊剛好有年節紅包或尾牙等等資訊，也會第一時間傳遞訊息。

公部門社福單位對漂泊者所提供的服務包含：收容安置、協同租屋、工作轉介、申請低收、掛單看病與證件補辦等等。其中，街頭生存者最常前來申請的是掛單看病。

雖然手邊有能提供的資源，但公部門仍面臨社工人手嚴重不足的問題，而且許多街頭生存者因尊嚴或不信任政府等原因，寧可隱忍也不願向公部門求援。好在透過與社區大學、NGO 團體或捐贈單位陸續串聯，社會工作者們仍竭力構築出一面安全網絡，承接住更多向下墜落的人們。

使用者心得

輝哥
60歲，夢想城鄉協會學員

流浪一陣子後，有一天我暈倒送醫，醒來後身上所有行李家當都不見了。當時認識的人建議我去社會局找社工，這是我第一次進去。這位社工真的幫了我很多忙，像那時因為身體不好，不適合再繼續待在街上，於是他陪著我一起去找租屋，然後協助申請低收入戶，讓房租負擔不用煩惱。不過目前為止，我也已經三個月沒領社會救助了，因為覺得自己還過得去，資源可以給其他有需要的人。

後來有一次參加了社會局辦的畫畫跟導覽課，開始對於這類課程產生興趣，之後課程結束後，我在協會成立前便也加入這裡辦的導覽班、木工班。以前都是做大型土木，現在改做小東西之後，我覺得最重要的是心要磨練，差一兩公分作品看起來就會差很多。今年六十了，我想，在這裡可以讓自己再次爬起來。

阿美
52歲，不固定攤販頭家

我流浪很長一段時間了，跟社會局的社工都認識很久。

來通常是掛單看病，因為我有嚴重的皮膚過敏，派報在外面站久了就容易脫皮跟搔癢。然後也會問看看有沒有一些工作的機會，畢竟要過生活嘛。平常在這裡坐著的時候也會跟認識的人聊一下天，看附近哪裡最近又有活動可以參加還是賺錢。

覺得這裡的社工啊，有時候比家人還好相處，跟家人朋友會生氣吵架，但跟社工鬧完脾氣，出去走兩圈回來，有需要時找他們，他們還是會不計較地幫忙。

（此時有人詢問阿美是否要領便當）

我不用啦，因為皮膚過敏怕便當裡有海鮮的話會變嚴重，如果領到的便當自己不能吃，又白白占了別人的名額，還是算了。

資源點 圖書館

評比

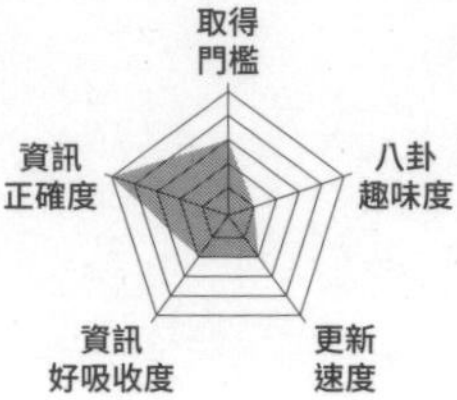

人們使用圖書館的方式正逐漸轉型。曾經館內的大量書籍、文獻等珍藏，是大眾蒐集資料時的最佳幫手；但當網路設備逐漸普及、搜尋習慣轉變為快速即時，翻找實體書冊的人便也逐漸減少。

在搜尋速度上，圖書館或許不及能上網的筆電與手機，但這個空間的存在意義，並不只是陳列知識，更乘載著平等共享的使命：圖書館備有電腦、網路、書庫、涼爽的冷氣和舒服的座位，分館還各有特色——有些蒐集了大量漫畫或特定書籍，有些則是小而溫馨有舒服的閱覽空間。每項設備與館藏，不論身家背景、不需低消，人人都有權使用。

都市裡幾乎每個社區都有圖書館，對街頭生存者來說是個友善的避暑與學習空間。但社區圖書館通常設置在一樓以上，並不太顯眼。建議可以觀察區公所以及里民中心周邊，通常會設置在附近。許多圖書館也常與消防隊比鄰，理由尚待確認。但下次經過時認明紅色大車，溫馨的資訊站說不定就在身邊。

使用者心得

發宋
29歲，NGO工作者

有時人在外忽然工作上緊急需要傳輸檔案，或甚至只是平常懶得開筆電，去附近圖書館是個不錯的選擇。這裡的電腦可申請上網自由使用，每次使用時間為半至一個小時，超時會被鎖起來，但人不多的時候可以續借，志工通常很好不會刁難。用圖書館電腦查完資料後還能找書對照，相當方便。

我自己很喜歡台北的漫畫圖書館，曾經在那裡把整套手塚治虫的漫畫看完。現在各地館區逐漸發展出多元的特色，不再同印象中死板，使用者越來越能在使用時輕鬆自在。像上次去高雄總圖，就看到不少人舒服躺在一些區域看書，對啊，人生就應該像這樣，看書就要用最符合人性的姿勢，而環境正是因應這種需求而生，不該把人的行為不斷限縮。

阿成
43歲，陣頭工

我平常都睡在網咖，那裡的電腦網速比較快，要上網查資料不會去圖書館啦，而且在圖書館也不能玩遊戲啊。我還滿懂電腦的，簡單的修理或程式更新，連打字都是在網咖學的，如果有人有電腦問題的話，比較簡單的我都可以幫忙。

如果去的話都會是看書看報，之前也有用電腦查人力銀行的工作，大多數都要求要高中畢業，我們就不合格啦，不過有時候也會有些粗工訊息在網路上刊登。你們（人生百味）的影片我也有看過喔，做菜給街友吃嘛，我自己也會煮，之後可以去幫忙喔。

在圖書館最喜歡看鐵道書跟地圖，我應該就是人家說的鐵道迷吧。

百味特搜

口耳相傳

評比

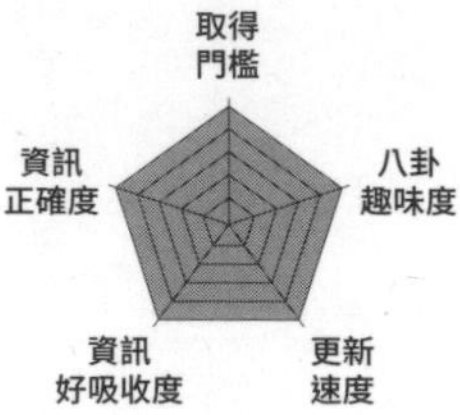

俗話說，路是長在嘴巴上的。不只道路方向，街頭生存者的所有日常所需，幾乎皆可從口耳相傳之間取得最新情報。

每位受訪過的街頭前輩，無論熱門資源或獨家技巧，當被問起是從何而知，十個回答中九個是「朋友說的」。無論尾牙宴客、工作職缺、物資發放等任何訊息，皆不斷在街頭上流轉擴散著。

住在教會的勵端便表示，他早上九點就要開始把教會的椅子擺齊。這麼早就有人來等聽道了嗎？「才怪，他們是來聊天講八卦的！」今天哪裡有活動可以去領便當，哪裡有臨時工又缺人，資訊之外也摻雜著個人評論與經驗，雖然被評為八卦，但準確度卻相當之高。最常交流訊息的場域通常是在可以吃飯或休閒的地方，有社工曾笑說，只要把訊息告訴幾個人，隔天整個公園快一百人就都知道了。而令人好奇的，是否會有人為了獨占資源而故意不傳達訊息？這樣的行為似乎極少發生，就算不是朋友，認識的人見面也會交流走告，順便校正訊息正確度。

身為資深的街頭生存高手，筱華認真指導了我們該如何接觸到第一手訊息：「首先你要時不時就去公園或人多的地方，多跟人交陪搏感情。如果是第一次想來認識朋友的話，記得保持親切開放很重要，不要聞到異味就皺眉頭還是捏鼻子，對方一定會不高興的。你就坐在他身邊，也不用太主動。等他習慣你後，就會主動攀談了。」說著，筱華與慧姊這對好拍檔，身邊剛好有幾張免費電影放映券和提供素食便當的法會傳單，也就順手送給了我們。

相較於網際網路，街頭上的生存者對於人際網絡有著更深的依賴以及悉心的經營。

街頭生存小撇步

情報蒐集配備圖

初來乍到的街頭生存者，各種情報來源屈指可數。重重限制加上人生地不熟該怎麼辦？

這裡提供街頭情報新手包，善用每個小道具，將有助於各位早日脫離新手村！

聖經

教會是教友時常聚集的信仰與情報中心，許多社福團體會在此宣傳活動或服務，想取得第一手資訊，來這裡就對了！

錫箔紙

吃不完的食物點心馬上包進錫箔紙裡，沒事拿出來與朋友分享，感情加溫也增加討論情報的機會。

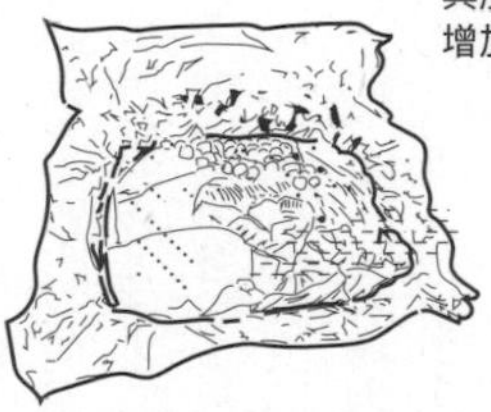

傳單

任何路上發的、夾在報裡的、扔在地上的傳單，都可能內含免費便當或工作資訊，寧可錯拿一百也別少拿一張。

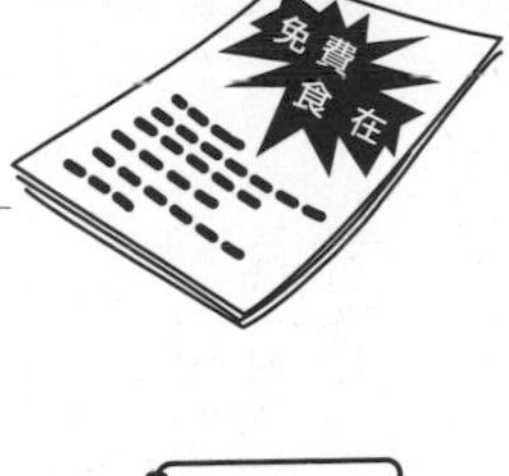

菸

姊抽的不是菸，抽的是情報。請朋友吞雲吐霧時，情報也容易順便吐出來啦（吸菸有害身體健康，請斟酌使用）！

口袋大小素描本

街頭上的人名普遍不重要，大家常以相貌特徵相稱（阿肥、高個 etc.），人臉辨識障礙者必備素描本畫下每個人特徵。

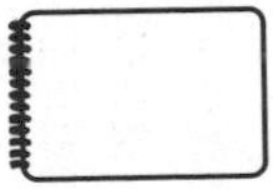

身分證

想到圖書館上網借書、消磨時間都得換證登入，身分證可謂是街頭往 google 的通行證呢！

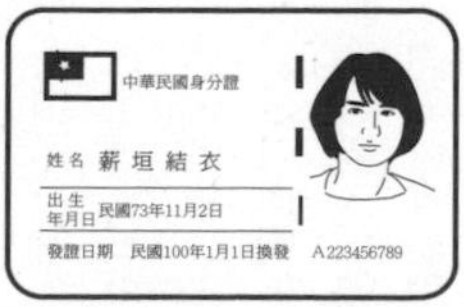

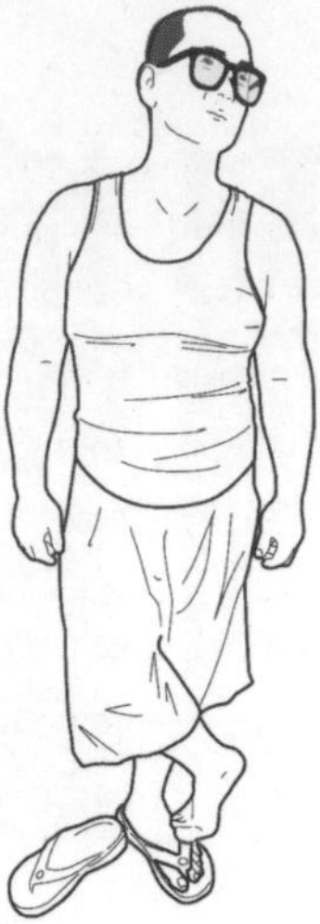

小江

前輩踹共：身為職業生存者⑤

在流浪生活體驗營裡，小江因為和網咖櫃檯工讀生關係好，得以用更優惠的價錢，帶領初嘗底層勞動一整天的學員們到有冷氣、有沙發的舒適包廂享受 VIP 的睡眠時刻。資訊造就了選擇，選擇決定了生活品質、甚至是面對生活的態度。

目前住在 NGO 自立支援據點的小江，每到週末就會去住網咖看電視或電影犒賞自己、偶爾騎 YouBike 到士林圓山等地兜風，還多次一個人去九份散心。他最愛吃教會附點心的供餐，其次為另一間時常提供多種肉類菜色的教會，偶爾也到美食街吃飯慰勞辛苦工作的自己。說到暫時的落腳、梳洗處，小江隨口就可以羅列出某某網咖、某家醫院、樓層、甚至置物櫃的價格。體力好的他覺得舉牌工「很無聊」、「一天給我兩千我都不想去做」，寧願選擇較累的粗工，認為人生就是該不斷嘗試新事物。也許就是這樣勇於挑戰的性格，讓年近五十的他，還有著年輕人般的開朗健談，連打扮都獨樹一幟——戴著大大的方框眼鏡，穿著高辨識度的挖背背心，露出一身黝黑的肌肉，走起路來背部直挺、迅速有風。

由於曾做過傳銷，小江口齒伶俐、交友廣闊，也因此資訊通達。除了從街頭上的人際網絡裡得到許多街頭生存的訊息，還有朋友愛請他去夜店「幫忙認識女孩子」，更可以和印尼、越南籍的移工同事們打成一片。「桃園火車站附近有很多東南亞人的夜店，每年七月，在台印尼人會包下桃園巨蛋，在裡面慶祝過年，你們有興趣的話我可以帶你們一起進去啊。」對小江來說，移工們離鄉背井努力工作以改變家中環境的精神，成為了他督促自己的力量。「有時回到家太累，隔天不想上班的時候，想想他們就會改變想法。」

除了在外交遊甚廣，小江與社工關係緊密也是他資訊豐富的原因之一。最近，他就跟著社工一起到就業服務站找月薪工作，為未來自立租房做打算。這段日子，小江有時一天內就有五份面試要赴約，其中有些也是協會志工提供的工作機會。此外，他也在社工的介紹下參與了衛福部支持的儲蓄計畫。只要每個月定存新台幣三千，就能獲得一千作為鼓勵金，惟半年內都不能提領，也要去上財務管理課程。對於社工的協助，小江一直銘記在心，每每被要求支援活動，他一定情義相挺。「畢竟他們是我的恩人，給我地方住。」一旦工作順利，小江也將在社工的協助下尋找租屋處，從而獲取一些對無家者友善的房東名單。

小江本來是中壢人，上有兩個哥哥及一個姊姊。兄姊皆為父母從不同家庭領養。為著他國三畢業前的一場大車禍，他們舉家搬到台北讓小江做腦震盪手術，此後定居北部，在南勢角飛駝新村和土城都各有一處住所。

父母相繼去世後，大哥和二哥、姊姊串通，把房子、財產登記在自己名下，並把小江趕出家門。父母過世初期，他有兩個月每天都開車到墓地看他們。那段時間，小江靠著軍人父親留下的三十幾萬終身俸找工作、租房子。

「全台灣的工作我幾乎都做過了。」從國三畢業開始，小江做過直銷、行銷、工廠、旅行社、甚至開早餐店。離開家後，懷抱夢想的他應朋友邀請，一起投資服飾店，不料卻被友人騙光了積蓄，遂而流浪街頭。那時，他露宿於台北車站北三門，每天過著晚上九點半才能入睡，早上六點前就得起床的生活。流浪了一年多，小江才被芒草心慈善協會工作人員援助，並在協會的協助下開始理財。

無論流浪前流浪後，小江似乎一直對自己的溝通能力自信滿滿，也在訪談中提及父母認識的朋友們。可見，在成為街友以前，家庭教育讓他具備了打好人際基礎的能力。但被朋友欺騙、家人背離的經歷，也讓他對身邊的人們無法全然地信任。他說，朋友要多，但「不要深交」，更挑明自己從來沒有想過要談感情，因為「還沒有辦法給對方什麼」。

採訪結束後，小江送我們進捷運站，然後繼續在車站附近走走。他不會太早到網咖，這樣第二天就可以晚點再離開，在那裡度過悠閒清爽的週休二日。

街頭的人際網絡，使資訊傳遞的方式與我們認知有許多不同。相對於現今人們都在社群網路上分享、轉貼、取得資訊，常到網咖的小江其實不太上網，而是到那裡休息、洗澡、看電視節目或電影。普遍大眾認定因經濟能力、教育背景或年紀而無法頻繁使用網路，將導致嚴重的資訊不對等，乃至於無法取得重要的社福資訊。然而，這些在街頭生存者們眼裡幾乎不算一回事。在口耳相傳間，他們就可以取得食物、找到工作，得以生存；在街頭游移的過程中，他們就可以為枯燥的生活找到樂子——人與人之間的互動就是街頭生存者們訊息流通最好的方式。

小江算是街頭上年紀較輕的一個，健談、積極的個性，讓資訊蒐集更為容易，也讓他的街頭生涯不苦悶。

延伸議題

關於生存資訊，我想說的其實是

一日夜裡，有個老先生倒在街頭。現場有許多目擊者，卻遲遲無人走向前。我扶起老伯，想向周圍借手機呼叫救護車，卻被在場的每一個人拒絕。

然而，這些人並非想像中的冷血大眾，他們是帶著兒女的父母，眼神流露驚慌與警戒，閃避時邊將孩子拉到身後；他們是無奈的在地店家，平時和藹可親，「我不敢幫你。之前也是幫忙報案，結果一直被警察叫去做筆錄，生意都不用做了。」

「我這輩子奉公守法，從沒上過警察局，第一次被叫去竟然是因為做了好事。」老闆口氣中仍帶著一絲不平衡。

回到原地找老伯時，他已經被扶上長椅，旁邊站了位年輕警察正在回報警局，似乎是有人報案完後馬上離開現場。事件暫告一段落，但因報案者沒留下來，除了緊急送醫外，似乎難以有更進一步的處理。

「小姐妳不要害怕，」年輕員警突然低聲說道：「我懷疑他可能是街友。」老伯身上沒攜帶證件，也無法提供可聯絡的家人資訊，員警於是如此推測。

確認後續處理流程後，我回到老伯身旁，告訴他：「等一下會有救護車帶你去醫院，你到那裡要好好把訴求跟資料告訴他們，別人才可以幫你忙。」

「賀啦哇災，金架麻煩哩內。」老伯的心情感覺緩和許多，也對我笑著道謝與致歉。事件暫告一段落。

那是個不少人感到困擾複雜的一晚，幾天過後心中仍然難以釋懷。

以旁觀者視角去批判城市冷漠、疏離當然能輕鬆作結，但那便忽略了當時年輕父母防備的考量、店老闆曾經不愉快的協助經驗，以及警員每日面對各種突發狀況的無奈。這些都是如此平凡的樣貌，加總起來卻差點釀成了一場悲劇。

儘管大眾討論社會議題的風氣與熱度，在近幾年逐步增高，然而回歸日常生活，當面對新聞輪播的弱勢者受迫害的畫面時，我們仍常感到無力。素樸正義感，夾雜著對自身以及受環境長久的壓抑與憤怒，集結爆發出了一句：「爛政府，都沒在做事！」

這句話，彷彿總直指所有問題核心。除了更多因黨派立場而起的辯駁，現場幾乎少有人會繼續追加討論：究竟這政府爛在哪裡？沒做到什麼事？

畫面來到另外一端，公部門的社工正準備外出陪同剛取得救助金資格的老伯找地方租屋。

此時電話突然響起，一名個案案主遇到官司纏身，希望尋求法律諮詢與協助。預約好見面時間後，一走出門又遇到了兩位大叔因物資領取意見不合起了口角，社工與替代役趕緊擋在中間安撫雙方情緒。五點時，社工回到辦公室，整理個案資料，並與同事討論起近來的突發狀況與處理方式。這是台北市社福單位不斷循環的日常。

拿出宣傳文宣與資訊傳單，社工說，人在生活突然陷入危機時的基礎需求：例如吃、清潔與短居，能提供協助的單位資訊都被整理在這張傳單上，遇到任何有需要的人時他們便會送出。

但那些不知道來此求助的人呢？社工自主發起固定的夜訪和外展，透過主動在街上尋找及探訪，找到隱藏在角落的受困者。「不過，畢竟夜間的行動須顧慮到個人身體跟家庭狀況，」局內的工作人員笑了笑，「有時我們也不太好意思要求每個同事都必須參加。」

聊起那晚遇到的老伯，社工師說，路倒就有路倒的處理方式，不會因社經地位、有家無家而產生差別。但緊急處理之後，陸續的追蹤與扶持才正開始。

每當社會事件發生，這些工作人員總被推至第一線檢討，為何沒有完整輔導弱勢者回歸正常生活？為何沒在對方需要時第一時間伸出援手？

但以社福資源最豐厚的雙北為例，無家者約占全台無家人數的近三分之一，每位社工師包含登記在冊的潛在者，共肩負了兩、三百位弱勢個案，而手邊正在輔導與協助的則至少五十位。人力短缺是社福面臨的最大難題之一，當有相關補助時，難以擴及讓所有有需要的人都得到資訊，並且在個案追蹤上，光是處理緊急事件便應接不暇，長期的陪伴與輔導更是困難。

當需要將成果產出量化時，社會工作者更是時常備感掙扎：底層生活者不斷在有家無家，有業失業間來回擺盪，狀況時好時壞，成果卻難以積累。社會中的弱勢者被主流價值所淘汰、排擠至邊緣，卻又不斷受到主流價值評鑑與責難。而一線工作者卡在冷硬的文書與急迫的弱勢狀態之間，領著微薄的薪水燃燒著自己，試圖在早已傾斜的體制之下，取得一絲平衡的機會與可能。

隨著女孩小燈泡生命的隕落，政府誓言將補起社會安全網，不再讓各種傷害事件重演。但社會安全網，並不只是警政、醫療、教育、司法與社福等制度層面的改革——實際上網間最細密的節點，也就是有機會在第一時間承接起弱勢狀態者的，正是柔軟的、同是身為血肉之軀的人。以更立體的面向看待他人，理解周圍陷於弱勢狀態當下所需的協助，陪伴陷入困境的人尋找適合的服務管道，都將大大減緩一線社工的工作負擔。

回到那讓在場每個人感到困窘不適的一晚。若我們弄清楚當下該聯絡的急救管道，若年輕父母不用擔憂是否會被詐騙而急著逃離現場，若店家老闆了解筆錄是為了使事件得以還原而不是對他的責難，事情或許會有所不同。而這些心理與技能的建立，都可以從索取社福簡章、參與 NGO 志工行動以及培養對周圍人們的關心開始。

當城市越擁擠，我們越是樹立起隔離的高牆，以求保有自我，以求不被傷害。

而街頭，此時呈現了另一番善於交流協助的社群風貌。訪談指出，大多數街頭落難者的求助對象，以周圍同樣無家的朋友為最多，其次才是社工或非住在街上的朋友。因為了解共通處境與困難，街頭上的人們緊急時會互相協助，平日則是情報雷達，任何物資分發或工作資訊都倚賴口耳相傳。

甚至許多無家者初次接觸社福，都是來自街上老手的介紹，「我這是重度障礙證明，搭公車還可以免費。」「流浪了三四個月以後，旁邊的人建議我去社會局找某某社工，說他可以幫我的忙。」生存者們細數起手邊細碎的資源，並總不吝於分享、散播。這無非是街頭重建起的小小安全網絡。

這看似圍起高牆難以進入的社群，只要更多的留心、更多體貼，以及更多平等視角的交流，其實比想像中更容易搭建起橋樑。若我們在意，我們認識，我們同理，才能進入弱勢狀態者的生命，尋找到每個改變的契機點；唯有眾力推進，才能使訴求落實，改善制度。

「社會安全」這面網，是為了接住日常生活中失足的人們的防線。下一個夜晚來臨時，願我們都能成為承接住墜落身影的那雙手。

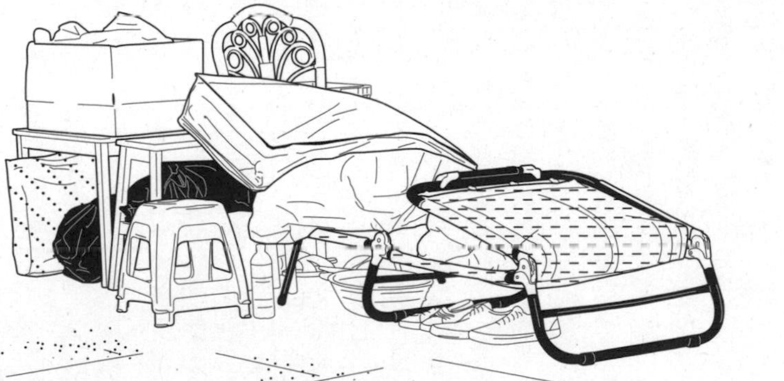

生

見樹見林，直擊街頭生態圈

阿北突然就消失在街頭好幾天。正開始擔心是否該報警處理時，他又悄悄地回到原本進駐的車站一角。

「阿北，你跑去哪裡了啊？」

「朋友回家辦事情我陪他去啦，他住山裡我們就順便在那裡玩了幾天。」原來不只有睡在街上的朋友，阿北跟對面超商的熱心老闆也很熟，人家返鄉時也順便一起跟去郊遊。

街上漂泊的生活原來並非想像中那樣與世隔絕。在城市尋找資源的許多時刻，都與大量的人事物擦身或並行。找食物的地方有人，打工的地方有人，睡覺的地方也有人，儘管不少生存者希望低調，刻意避開了人潮聚集的區域及尖峰時段，但每個地區都有店家居民，有執勤的工作者。緊密的相處難以避免，在突兀進入一個社區後，該如何與在此長期居住、工作的人們和平共處？經驗老道者如阿北，早磨練出了屬於自己的生存法則。

但是，阿北幾天辛苦工作賺來的薪水就這樣花在玩樂上，真的沒有關係嗎？我們忍不住再度操起心來。

「哩凍作我機器喔，當然要休息啊！」結

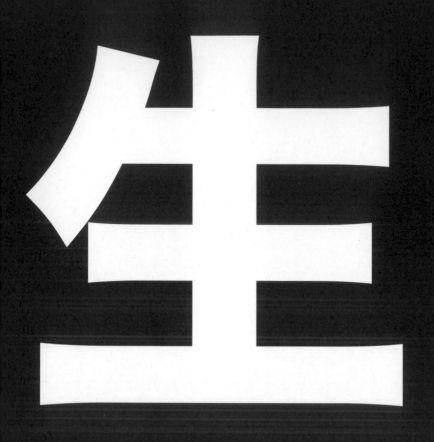

態

果被阿北大聲吐槽了。

從小受的教育讓人把馬斯洛金字塔烙印在腦海，總認為無家就應該要好好儲蓄，充滿期許，重新站起後，再次擁抱美好的生活。然而，甘苦人就沒有休閒的資格嗎？想想自己也是賣命上完一週班後，期待週末在家耍廢或出門血拚紓壓吶，被老闆知道會不會也覺得我是根廢柴呢？但是，要多努力才足夠配得起美好的人生？看看存款簿再看看房價物價，大概遙遙無期吧。

阿北笑了。肖年欸，我這裡有些玩法好便宜。人生苦短，好窮遊，不玩嗎？

遊樂

哪裡都遊樂，街頭祕境景點大公開

有人說，要了解朋友最好的方式就是一起去旅行，旅行中的朝夕相處，以及無法預測的突發狀況，都有助於看到對方的不同表現與情緒。

而想認識街頭生存者更立體的樣貌，當然一定不能錯過玩樂這個選項。選擇什麼休閒活動，如何運用手邊有限資源達到最大的娛樂享受，種種細節都可窺探了解一個人的價值觀與生活態度。

街頭上的生存老手們，常具備有兩項特性：沒有錢跟不想花錢。許多人以為在消費主義盛行的都市中討論遊樂，若限制金額則會失去了許多選擇，但誰說只有錢才能豐富遊樂品質呢？在此將介紹幾個生存者前輩們力推的遊樂景點，用最小花費或甚至不花錢的方式，在城市的巷弄縫隙中盡情探險吧！

街頭生存小撇步

街上遊玩配備圖

街頭生存的有趣之處就在於「資源有限、樂趣無窮」的創意發揮，若在玩樂這關不敵大城市所崇拜的消費主義，豈不是認輸了嗎？只要備齊以下組合，不管當地消費多驚人，都能開心窮遊享受。快添齊裝備，一起到都市叢林探險吧！

不鏽鋼湯匙

到共食廚房吃飯才不會慢人一步，自備環保餐具人家還會覺得我們很有sense。

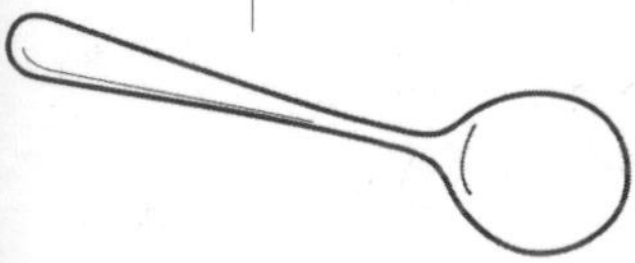

悠遊卡

一張儲有一百元的悠遊卡就可以負擔一趟精實旅行的盤纏了，買點吃的果腹還綽綽有餘。

強國強功夫鞋

街頭的主流時尚，一雙百元好鞋帶你走四方。穿上它們讓你視覺上專業度爆表。

迷你塑膠瓶或瓶蓋

自備容器到大眾澡堂就能跟友善的長輩分到一點沐浴乳，切記瓶身要夠小才不會讓人有壓力，淺碟狀的瓶蓋是首選。

銅板數枚

出來玩還帶大鈔嗎？兩口袋裝些銅板就可以投幣式卡拉OK唱到飽啦！還可以在自由定價的共食廚房或隨喜樂捐的廟宇餐食盡份心意。

放大鏡

賊仔市挖寶可要張大眼睛，有鑑賞古董的放大鏡作為裝備才不容易吃虧（看明牌時也適用喔）。

地下街飲料店

長青組的地下社會搖滾區

富含古早氣息的龍山寺地下街，共有七間飲料店。這裡的飲料便宜又大杯，點一杯就可以坐上一整天。

但，只是坐著喝茶不會無聊嗎？

絕不，這裡的飲料店各個臥虎藏龍：有些影片無限放送，有些則是長青練歌場。

影片播放的店家大手筆擺放了三個螢幕，同時播放三種戲劇（不過似乎仍以古裝劇較受歡迎），無論往左看，往右看，都可以隨時 follow 到最新劇情發展，比子母畫面更加即時。

而練歌場飲料店更是熱血，備有卡拉OK 機器、木地板跳舞場以及多排座位，無論你想點歌歡唱、伴舞跳恰恰或坐著欣賞音樂，所有需求一次滿足。甚至偶爾沒帶錢，也可以站在場邊跟著高歌兩曲。

在這以現代化為表率的城市，舊時風貌與棲地不斷被剷除換新。但隱藏在捷運站商圈的地下社會，阿公阿嬤的搖滾魂仍不服輸地舞動、搖擺著！

（目前練歌場歇業中）

大眾溫泉澡堂

感謝大自然，讚嘆大自然

漸冷的季節，在街頭尤其直接感受到天氣變化，這時要是能泡個熱呼呼的澡，身心都能溫暖度過整晚。但說到泡湯，心跟荷包都忍不住緊揪了兩秒，泡一次千元起跳的湯屋應該不是街頭生存者們能負擔的吧？只見前輩拍拍胸膛保證，「怕什麼！我都泡免錢的。」

原來各個溫泉點多設有公共澡堂，少數是免費，大多則僅收取便宜的清潔費便可入場。平日熟門熟路的生存者，會特別搭著大眾運輸工具來此享受泡湯樂趣。許多免費或平價的大眾浴池是日本殖民時期所開發，由日本人將公共澡堂的概念引入。

初次聽到公共浴池，難免有太多人使用而產生的衛生顧慮，但根據泡湯客的經驗，這裡的使用者都相當珍惜設備與傳統，要是沒按照程序先洗澡再進浴池，可是會被碎念的。這裡是由使用者共同守護的美好澡堂，下次請務必來洗場痛快的澡吧。

神祕茶室

純不純？有關係！

「我們沒做黑的啦！」可能因為承擔既定成見已久，一開門阿姨便大力強調。

街上的生存老手們，閒聊時總時不時提到茶店茶室。此時腦袋浮現的，皆是掛著大大「純」字、有片不太透明玻璃窗的神祕場所，怎麼想都覺得不單純。

走訪踩點後，才發現茶室其實是個抒發的好所在。每次基本費用是一兩百元的茶水，阿姨會熱情地不斷幫你回沖，提供瓜子跟餅乾搭配，想唱歌的一首二十元，人多時阿姨還會充當DJ排歌叫號。

而所謂抒發，有些會提供生理上的撫慰，有些則是純粹聊天交朋友，無論吹噓喇賽吐苦水，這裡總是有人願意聽，不會直接否定你的生命故事。衝著這股溫馨之情，許多阿北阿嬸們總是三不五時就來喝茶。

人們總是希望被好好陪伴呀，無論身體或心靈。至少在這裡時，誰也不孤單。

賊仔市

興趣使然之全台最狂市集

上次總統候選人的應援帽沒搶到嗎？最近新買的運動鞋缺右腳嗎？

不妨來賊仔市逛逛吧，這裡充滿了各種神奇商品，絕版的、非賣品的、什麼這你也敢賣的，老闆全部都有，全部都賣。

賊仔市這名字常讓人聯想到贓貨急脫手的黑市。而實際上貨品的來源則有千百種說法，根據生存老前輩所說，不少東西來自於家戶門口外的順手牽羊，或從垃圾場挖出來重新整理好的二手品。實際走訪後，發現也有許多是古董行家級的古玩鋪、去山裡玩順手抓了幾隻獨角仙也來賣的阿北，以及讓人想問「等等你在這裡幹嘛？」的普通零食柑仔攤。老闆秉持著「你不買還有別人要看」的性格，絕對不囉唆不甩人，想不被打擾盡情挖寶，絕對是個好選擇。

賊仔市從清晨六點便開始營業，想來個刺激的探險之旅？晚來好貨就被掃光囉。

來去網咖睡一晚

街頭生存者的 VIP Room

當身上剛好有些錢，不少街頭生存者會決定在網咖度過舒服一點的夜晚。

網咖的夜間方案從晚上九點開始，包台十二小時至隔日早上九點，只需付費一百二十元，還附了個杯子讓你碳酸飲料喝到飽。據說熟門熟路的老手總能占到包廂位置，還能跟熟識的夜班店員拿到毛毯。引我們入門的阿北，甚至還認了夜班店員作乾女兒。

而在漫漫長夜中，生存者們都在網咖做些什麼呢？

不少人因為旁邊的人都在玩電動，自己也開始跟著玩「不過速度實在跟不上啊，這些年輕人都沒在禮讓的！」一個大叔笑說。另一個大哥則在網咖學會了打字，甚至還有簡單的電腦維修跟系統更新。而認識的阿北則是用 youtube 播著老歌，就這麼靜靜看著那卡西畫面一整晚。

夜裡，泡麵香氣撲鼻，吃完宵夜的大叔們揉揉眼睛。不，我們沒在睡的。這是少數能度過舒服夜晚的地方，怎麼捨得睡。

公共容積

即刻入主豪宅的開放空間

豪宅總是讓人感到戒備森嚴難以親近，若非本身就是住戶，或由住戶帶路，一般大眾幾乎不曾進入其中。

但你知道嗎？其實我們都有使用豪宅的權利。

都市計畫法規定，大樓有固定的容積限制，於是一些建商便以增設大眾可使用的「開放空間」這方法，換得「獎勵容積」，讓大樓可以擴大增建。這些照理說應該開放給大眾使用的公共容積，許多被設計得十分隱密、看不出來能否使用，公共二字，很可惜地被隱蔽在豪華建築之中。

二〇一四年底，一個大叔騎單車進到豪宅中庭滑手機、吃便當，新聞發布後引起了熱烈討論，網路則早有專頁發起公共容積的踩點與使用分享。

大樓依法必須架設開放空間告示牌，讓民眾知道哪些範圍是可以自由使用的。下次走路腳痠、聚會沒錢付低消時，不妨找找告示牌，走入景觀第一排，在尊爵不凡的開放空間讓身心靈好好休憩吧。

免費電影

口袋破文青的必備首選

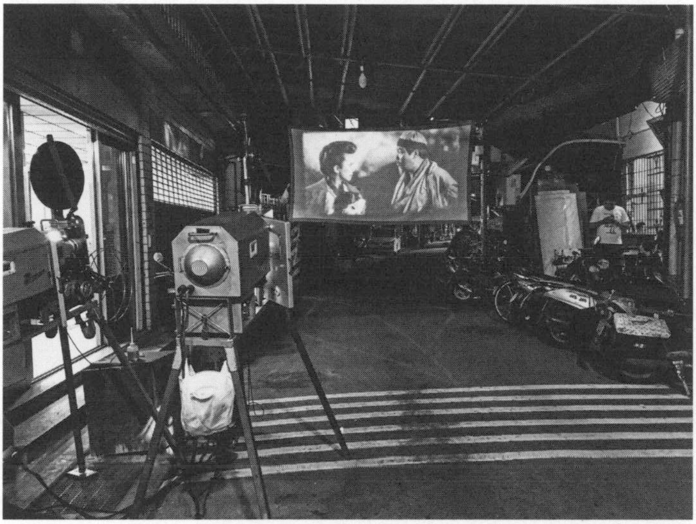

看場電影是城市夜晚最適合調劑身心的休閒。但你也逐漸對於票價年年攀升，卻又總是一票難求的狀況感到厭煩嗎？

看電影只能到戲院？這裡有更多好選擇：各縣市圖書館常會舉辦固定的「影片欣賞」活動。千萬別被素樸的活動命名澆熄熱情，這裡的選片時常是經典好作。無論剛下檔不久的好萊塢大片、大戲院沒上映的冷門好電影、各國紀錄片，館藏應有盡有。設備也毫不馬虎，無論視聽室或演講廳，都讓人擁有高規格的享受。

除了圖書館外，廟口也是欣賞免費電影的祕密基地。經驗豐富的大叔阿姨常會自備板凳，先到空地占位，等待天黑後的蚊子電影院。微涼夜晚，主辦用復古膠片放送著台港老電影，懷舊感十足。

多留意廟方與圖書館公告欄資訊，人人都能在城市裡當個不花錢的文藝青年。

無價才藝班

一直聊天也不會被老師罵

還記得小時候的才藝班嗎？

不論捏陶土還是畫水彩，讓人最懷念的並非課程內容，反而是與好朋友一起聊天偷懶的時光。上課時手跟嘴都沒閒著，邊聊邊做，下課時間到，再各自帶著滿足的心情與可愛的作品開心回家。

長大後隨著工作逐漸繁忙，你是否也時常感到人際疏離，想念起吵鬧熱鬧的童年了呢？

近年有不少非營利組織，以有趣簡單的手作課，吸引長者與熱血的學生共同參與。不僅課程免費，透過輕鬆趣味的課程設計，增加學員互動，在這裡不少人因而結交到了志同道合的朋友。採訪當天，木工班的學員阿輝巧遇了因病多次缺課的同學蘇大哥，兩人開心地拍拍對方的肩膀，相約下課後要買盤生魚片慶祝。

NGO 開設的才藝班，說是街頭隱藏版的精神時光屋也不為過吶。

真的不只是餐廳啦 Co-Eating Space

社區老建物內正傳來鍋與鏟的清脆交響，不久後飄出陣陣菜香。

有人先送餐進社區裡給長者了，其他人則繼續料理與進行各種手作坊。天色晚時，一群吵吵鬧鬧的年輕人們開始吆喝著大家吃飯。剛上完木工班的老少學員、來參加手工皂製作的鄰近長輩，以及進駐於此的成員們，一起圍坐長桌，隨興開放地，共享勞動後更顯美味的晚餐。

近來共同工作空間（Co-Working Space）盛行，不只分享空間，人們更在此分享技能與資源，木工教學、工具分享、剩食重生、天然清潔劑製作，各種專長的高手聚集於此：有本來想丟掉的食物就送來吧，我們一起煮掉吃完；你家有電器壞掉了嗎？沒問題有老師教你親手維修。

這裡似乎是個讓人每天練習，以金錢之外方式使自我與社群飽足的小烏托邦呢。

社群

生存者的街角，
我與朋友，
有時還有宿敵

社會如同一張巨大的網，使被穩穩網住的人們得以安心在熟悉的節點間棲息、活動。

身為一個街頭生存者，貿然闖進城市這面巨大網絡之中，該如何尋找到適合的位子？而社區裡的每個不同角色，又是如何看待並與街頭生存者相處？衝突、友好、包容、無奈，街頭生存者無論主動或被動，每分每秒都必須與人緊密相扣。在彼此磨合的過程中，必然堆疊了各種情緒與經驗。

一位生存老手得以長期睡在公園，絕對不只因為他來無影去無蹤的功力；這位前輩，肯定與附近住戶達成某種默契，錯開互相打擾的時段，並且也有某種程度上的信任。但是，取締、檢舉、霸凌等等潛在危機仍威脅著生活，於是，如何與身邊各種社群相處成為街頭生存的必修學分。

這裡將為大家介紹街頭生存者網絡之中各個重要角色，以及彼此的相處之道。

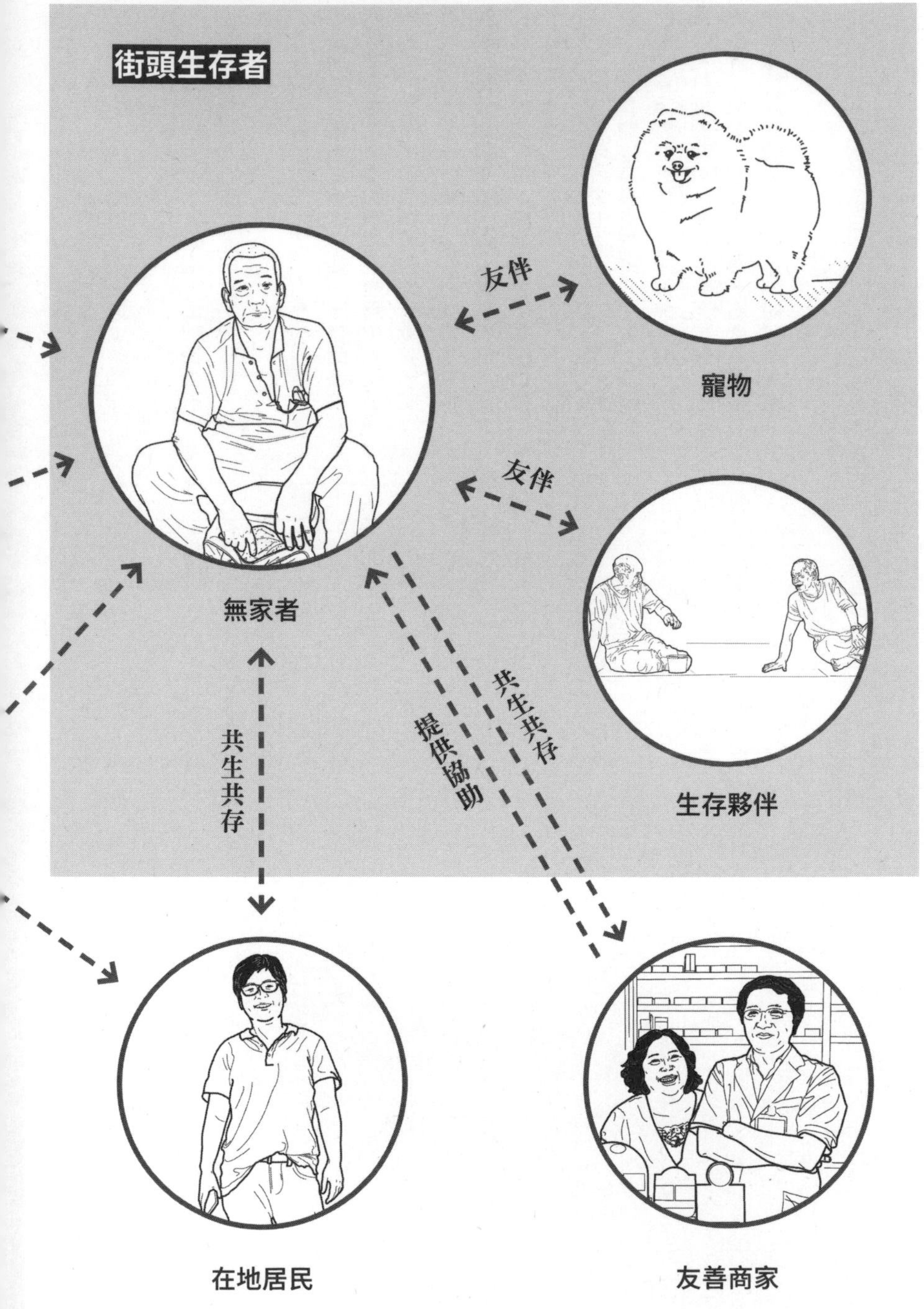
街頭生存者
友伴
寵物
友伴
無家者
生存夥伴
共生共存
提供協助
共生共存
在地居民
友善商家

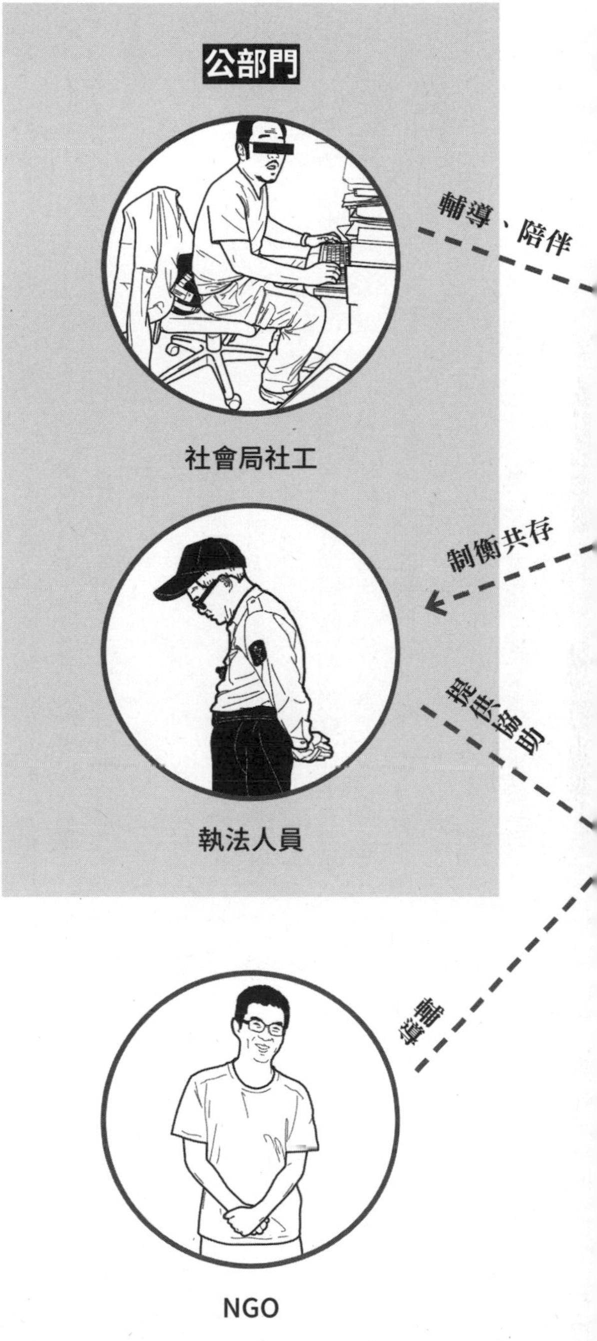
公部門
輔導、陪伴
社會局社工
制衡共存
提供協助
執法人員
輔導
NGO

共存空間之中

在地居民

萬華屬於台北城市較早開發的區域，自古以來便是外鄉人落腳謀生的集散地。而身為青年世代，生長過程正巧見證了此區時代變遷的幾位在地人，又是如何看待總引發熱烈討論、沸沸揚揚的流浪議題呢？

家裡經營的廟宇就在M公園旁，在此長大的大蝦聊到她初次強烈感覺到社區改變，大約是在十七歲。後來，她花了五到十年去調適，「但老實說，直到今天還是不太習慣。」而同為在地人的涼粉，則是對學生時期，附近車站只穿著內褲睡覺的大叔們印象深刻：「當時只覺得這群人好危險！」

但談及總是人山人海，被人抱怨遊民盤據的M公園，兩人都澄清，其實這裡不只有街友，白天時間反而多是長者來此下棋、閒談。涼粉笑說，她的爸爸也很常到公園高談闊論政治。不會介意聊天對象是無家者嗎？「其實很多街友都穿得很普通，他（涼粉爸）自己說不定也沒發現，哈！」

對於無家者，除了部分居民反應兩極，許多人其實仍尚未表態。大蝦談到，她未曾聽過周圍的鄰居與親戚特別抱怨過街友的什麼。M公園周圍是熱鬧的商圈，當入夜收市後，無家者便在此時進駐街角。本該互不干擾的生活圈，卻因治安、房價、都更、流浪人數上升等等不安因素堆疊，造成居民與無家者間對立、緊張逐漸明顯。

曾與萬華夥伴以及社福團體共同舉辦過街頭尾牙的涼粉，在聊到當時活動初衷時，眼神發亮著：「我就是要讓在地人正視這個問題。」

在地人都希望社區老化、街友群聚等現象可以得到解決，讓曾經繁榮的萬華再展風華。然而解決問題並不簡單，或許正如涼粉所言，停止視而不見，才有機會共譜解方吧。

執法人員

公權力的另一面

M公園駐警室內，小隊長指著螢幕中上百張檔案照，一邊用宏亮的聲音喊出他們的名字，像是介紹老朋友般，語氣裡有埋怨、也有包容。媒體上常見的警衛對峙街友的報導，在這裡逐漸溶解，浮現出另一種樣貌。

「像這個整夜喝酒，玻璃瓶、食物袋自己不清理，認為我們公部門就該為他服務。」處理過上百個案的小隊長說著，「也不能一竿子打翻啦，有些街友很不錯，知道我們在關心他，但有些真的很惡劣。」

駐警的首要任務是維護整潔及秩序，而隨地便溺就是公園內難以根絕的問題之一。在公園繞一圈，會發現不小的園內竟只有一間廁所。「這樣有些人夜裡喝多了、或睡在大老遠，可能就不想走過來上廁所了吧」，小隊長推測。設備如此稀少，其實是因為社區規劃的變革——本該二十四小時開放的地下商圈，後來晚上不再營業，於是廁所也隨收店時間一起關閉。「但從公園範圍到周邊的社區，似乎也沒什麼可以增設廁所的地方了。」看來，在專業解方出來之前，駐警隊只能繼續勸導、處理相關的問題了。

此外，駐警們為了調解衝突而流血的事件也常有所聞。「像這個，他用剪刀刺傷我們同仁被判五個月。你看，血都滲出來了。」小隊長本人也曾被精神狀態不穩定的街友以棍子攻擊。「法律要她罰錢了事，但她也沒錢啊，精神矯正也沒辦法……」她就是無助而已，小隊長語重心長地說道。

M公園的駐警隊，要面對更多突發的危險、要解決結構留下來的問題，還得承受大眾的質疑。「人家說我態度差、講話大聲，那是因為這邊很多老人家重聽啊。」這時小隊長又講起他的口頭禪：「無奈，真是無奈啊。」好像所有沈重日常，僅只能用這句話概括其中的甘苦。

牆裡牆外

附近店家

座落在熱鬧地段的一家友善藥局，寄賣了許多社會關懷的商品。前陣子老闆娘本想賣竹牙刷，但知道附近已有街賣者在販售後，便打消了這個念頭，「留一些機會給有需要的人會更好。」受訪時總是帶著明朗笑容，老闆娘常推薦來店裡選購牙刷的顧客向街賣頭家購買，在生活中響應環保，也支持自己熟識的街賣者。

與原先會因搶路、搶生意而交惡的想像不同，幾個商圈附近的店家與無家者，其實相當友好且彼此體諒。

約一年多前，老闆娘發現附近的街賣者小樺每天得帶著大包小包奔波，便主動提議可將部分商品寄在店內，之後也經常與老闆討論如何規畫出讓小樺更方便拿貨的擺設。

街頭能否成為友善的空間？老闆娘個人很樂意提供街頭生存的人更多方便，即便有街賣者在店門口做生意也不介意，雖然許多時候仍必須遵守店面所屬大樓的規定。她認為，每個人本就有著不同的樣貌，像街賣者這樣的角色也理當能融入其中。

類似的故事也出現在C商圈。便利商店店長相當熱心，讓露宿的阿俊坐在店內休息吹冷氣，而阿俊則感恩地以幫忙監督是否有扒手作為回報。

面對街頭上的生存者們，D捷運站藥局老闆娘說：「社會應該是包容、友善的，而不是把人隔在牆之外，那只會讓人想翻牆進來。今天如果沒有圍牆時，平等地看待每個人，（視野）就會很不一樣。」這面牆何時能倒下呢，我們衷心期待著。

NGO工作者

網間細密的連結

被稱為丐幫幫主的忠哥，在無家領域服務長達十二年，曾擔任過公部門社工，也與夥伴共同創立協會，協助無家者短期居住，並陪伴他們尋找工作。聊起現在工作與在公部門的差別，忠哥說各有利弊，公家機關的資源較多一些，而NGO（非政府組織）在活動與倡議上則較能彈性發揮。

有趣的是，新型態NGO組織中，不少工作者其實求學階段並非主攻社工，教育、資訊、社會學、管理經營、藝術與設計等等，多元領域進入社會現場學習，也注入了各種的能量與想法。或許正因無家現象成因太多、太複雜，培養出該領域工作者開闊包容的心態，才讓更多背景的人們能加入參與。

「我經過M公園時常想，睡在這裡的人啊，其實也是社區的一部分，所以就開始發想如何讓無家者與社區相互融合跟接納。」海納百川的忠哥，與實力堅強的協會同仁，近期除了直接服務外，也發展出了居家修繕、社區導覽等新的工作型態。

無論哪種形式的組織，都必須面對與無家者的直接相處與陪伴，其中的磨合、無力、悲傷以及開心，都難以避免，是無論是否出身社工專業都必須學習的歷程。每一次的經歷與反思都讓自己更堅強；但也必須學習守護脆弱，無論看待的是對方或自身，因為軟弱，正是能同理彼此的共感橋樑。

NGO的工作者們是社會安全網中細密的節點，努力網住每個向下墜落的人們。

公部門社工師

身後的安全網

睡袋當椅墊，一身登山勁裝，這工作肯定很硬！

當在路上遇到一個年邁的婆婆，蓬頭垢面地向路人乞討，大多數人不捨之餘，同時也在心裡罵一句，幹，政府都沒在做事的嗎？

「光是受理關於這位婆婆的報案就有一整個櫃子的檔案記錄了，」公部門社工師C無奈地說：「她其實精神狀況出了些問題，有家但不願意回，也不接受安置，但我們都會定時關心婆婆，看她生活上有沒有需要幫忙的。」談起街上芸芸無家者，社工們竟能每位一一細數。

身為位在無家者重鎮區域的一線社工，局內同仁平均資歷超過十年，C經手過的個案數量至少千人，平時每日負責的個案約五、六十人。無視我們聽聞數字的驚訝神情，他繼續輕鬆介紹起平日協助人脫離街頭或是安置的經驗。

實際在社福單位待上一天，便可深刻感受社工師的分身乏術：個案案主前來求助、電話響個不停、外出陪人找房子以及媒合工作機會等等。加上聽聞一些社工公務機二十四小時不離身之後，很難不對這些工作者投以萬分的崇拜與心疼。

每天處理這麼多突發與緊急狀況，內心不會疲乏嗎？C笑說，最難搞的其實都是制度跟政策，他反而喜歡與無家者相處，與人真心地交流：「常有路人抱怨為什麼一個街友在路上流浪這麼久都沒人管，但若這是他當下認為較好的生活方式，身為社工的我，工作就是在背後陪伴著。

「若他倒下時，我們一定會把他接住。」

街頭生存夥伴

離散聚合

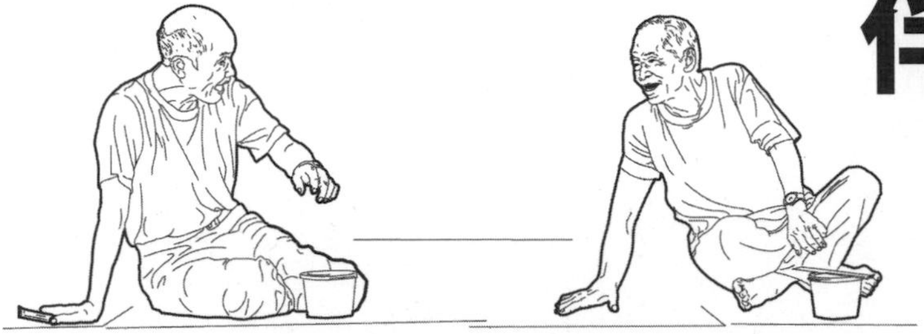

或許正因為少了安全空間的保護，使生存者更加仰賴人際的扶持：與睡隔壁人的互相幫顧行李、代領物資，或在寂靜的夜晚聊天打發時間，抒發積累的苦悶情緒。

阿成和金牛認識了十幾年，過去曾是當兵的同梯，沒想到後來又在街頭遇見了彼此，從此成為生活上的好拍檔。白天時兩人各有工作，入夜後共同在網咖過夜，一有空檔還會結伴出遊。阿成內向靦腆，而金牛則相當活潑健談。我們好奇問道，生活這麼緊密難道都不會吵架嗎？阿成笑著回答：「街頭生活已經這麼困難了，也沒多少能依靠的人。吵一吵，要是朋友拆夥怎麼辦？」

資源短缺使阿成、金牛兩人相知相惜，卻也同時造成許多朋友拆夥。街上許多熟人間的分分合合，原因可能只是為了芝麻大的日常瑣事：懷疑對方拿走自己的東西，或是交談之中產生口角、誤會等等。有天詢問一個大叔，為何好久不見那位睡他旁邊兩年多的阿北，他淡淡地說，吵架啦，那個人講話口氣太囂張。

街頭夥伴的離合聚散，正點出了生而為人，情感與現實需求交錯產生的百種樣貌。有人感嘆街上關係的變化無常，然而若以純粹功能性、利益關係看待街頭的夥伴關係，便忽略掉了生存者在面臨資源匱乏之時必要的錙銖必較，以及維護僅存尊嚴的重要性。

街頭百百種風景，無論美醜，都清晰映照在人們的面容上。

寵物

同是天涯生存者

「牠很乖的，不會咬人，」老先生親暱地撫摸著小白狗，「只是每次玩一玩人家要離開的時候，都會對你叫兩聲，那是因為牠捨不得啦。」

車站的阿榮伯每天堅持襯衫長褲的打扮。睡在街上也是要有尊嚴啊，他說。有條不紊的堅持也展現在寵物「乖乖」身上：博美狗乖乖總是被清潔得雪白，穿著俏皮寵物用毛衣。街頭生存者養寵物的故事並不少見，但連自己要吃飽睡暖都得細細盤算，街頭上的人怎麼還有多出的心力餵養寵物呢？

公園曾有人用便當吃剩的骨頭餵養四五條狗；一位雜誌販售員，則隨時帶上撿到的小貓，相伴度過漫漫工作日。而在網咖結識的金牛，當朋友都跑去南部出陣頭時，他仍駐守台北，因為寵物黃金鼠需要固定時間餵食。等等，街頭怎麼會出現黃金鼠？！「被人棄養的啦，連籠子一起丟在垃圾場。」於是金牛連小鼠的家一併拾起，把牠們藏在城市裡的祕密基地悉心照顧，「我都餵牠瓜子，這種東西街上沒有，只能用買的。」

街頭上的動物，許多與其飼主同樣曾經有個家。因各種理由——或許不再討喜，或許成長過程滋生了陋習——而主動、被動地，自家中成員中剝離。離散的個體在街頭漂泊時相遇，再度學習陪伴與被陪伴。這是家嗎？如果扣除遮風避雨的建物，以及血緣、背景，我們是家人嗎？

離去道別時，乖乖果真如老先生所說，大吠了兩聲。然後又窩回主人腳邊坐下，乖乖。

拜請！
拜請！

指南之後：給下一輪街頭求生的備忘錄

城市吃人實境秀

是在進入社會後、來到台北工作的這幾年，才逐步使人理解到，過去新聞不斷上演的衝突與高壓，原來其來有自。

城市像個壓力鍋，塞滿了各種意識形態和日常雜務。從四面八方聚集於此的人們，圖的不過是頓溫飽、不過是最精簡的安身立命。懷抱著夢想，卻在擁擠的時空中，不斷推擠、消磨著彼此。

我們在被規範的時間內上演大遷徙：上班時間，各種交通工具在城市大小巷道中流竄，下班時再度傾洩而出。抓緊縫隙超車、排隊，緊貼著前面的人。這不是什麼大惡，我們只不過想早點回到家、早點赴約見到家人朋友。畢竟，那是全天裡，唯一值得期待的事。

滑著手機，把只有自己聽得到的音樂，再調高些音量。那個不讓座的同學真沒水準，沒時間說教，就拍照上傳，網路大眾會制裁她。看看手錶，等待時間太久，和家人的相處又縮減了。那些占路的、躺在鐵軌的別鬧了，拖走好嗎？輾過去也可以。我們不是壞人，只是想回家。

不過是頓溫飽，不過是最精簡的安身立命，城市卻教我們如何吃人，那雙看不見的、追求效率的大手引導著競爭，鼓勵人們將競賽中的失足者推擠至邊緣。

二〇一四年與現在的夥伴參加了反服貿運動，這是我們初次坐在地面，以極低的視角，觀察到街上的生存者們：入夜後，自會場邊緣浮現的這一群人，以外界看來無法理解的低效率，謀求與世無爭地過活。他們是想撿些回收變換現金的老人家，是鄰近路口企盼生意上門的街賣者，以及向物資站索討食物，圖頓溫飽的無家可歸者。

後來在各種契機下，幾個夥伴組成團隊，透過共食、舉辦工作坊等群眾計畫，認識街上人們，以面對面的方式釐清所謂標籤。過程中認識的朋友與組織，啟發著我們探索冰山一角下，巨大而交錯的結構。

這段經歷從初次踏入時的霧裡看花，到至今仍舊模糊難解，卻不斷吸引著人向下追尋。我們想記錄下過程中遇見的人，以及他們的生活——試圖勾勒出這看似「豐饒」、「進步」的社會底下，「時代進步」所需付出的代價。

這些故事主角與我們的距離，其實一點都不遠：如同【食物】章節中，懷有一技之長卻不得志的阿仁伯，或是【資訊】章裡小江心中所捍衛的一點生活品質：我們都很平凡，我們的基本需求並不多，我們想要的，不過是在寸土寸金的城市中，尋得一處立足之地。

街頭上的身影成像，卻是清晰，越使人感到界線模糊難辨。

街角身影：「他們」是誰

街上的人，有些有家，街頭是工作掙錢的場合。

主流就業市場傾向雇用耐操、好用、高效率的員工，汰舊換新也毫不手軟。這使得許多人因身體狀態、心理壓力或是家庭因素，儘管充滿工作意願，卻難以進入高壓競爭的職場。於是有些成了販售玉蘭花、口香糖與日用品的街賣者，在各路段進駐，希望在人潮湧現的時段賺取能餵飽自己與家庭的現金。而從事回收、舉牌、清潔等等的臨時工作者，則在上工期間戰戰兢兢，祈禱能躲過尖峰時刻不長眼的快車們。

街上的人，有些有家，卻沒有工作。

隨著城市快速變遷，過往熟悉的生活環境不復存在。習慣了大半輩子的鄰居、可供散步的街角空地，全被列入都市規劃的藍圖裡打散重整。年長者在新建樓房中無法適應，即便路途遙遠，仍每天搭車到老社區的公園涼亭坐著，看人下棋、閒聊八卦，就這麼度過整天後，再搭同一號公車返家。

街上的人，有些是無家的。

流浪漢、遊民、街友、無家者，從各式各樣的稱呼看來，大眾對於睡在街上的身影「並不陌生」，甚至可以數落上幾句：「就是好吃懶做、自我放逐才會變成這樣」、「你要好好讀書別學壞，以後才不會變成那樣」。

真正走近後，才發現認識一百個無家者，背後就有一百個回不了家的故事。有博士生因為得到憂鬱症不敢向外求助，最後散盡財產；有人因過去未曾善待家人，現在再落魄也不敢回家。無論學歷高低、過去收入或是家庭背景，各式各樣的人只要在生命過程做錯了選擇、或不慎在工作、家庭生活中跌了個跤，在無人能求助的狀況下，便很有可能一路跌墜至無家可歸的處境。

街上樣態有上百種，但若有能力脫離的話，多數並不會繼續久留此處。人們出於各種壓力必須在街頭與生存搏鬥，社運、工作、休憩、露宿過夜。這個看來自由開放的場域，正容納了一群不甚自由的身影。

街角的人們，又是如何看待無家

坐在公部門社福單位記錄生存指南的第一天，來等洗澡的大叔們未等我開口，一群人便逕自討論起如何定義流浪。

「街友是比較好聽的說法啦，以前是叫流浪的。」

「街友有什麼不好，也沒有礙到別人了啊。」

「街友就是街上的朋友的意思啦！」

「我們跟流浪的不同款，街友是逼不得已，流浪的是到處遊蕩，沒在做事那種。」

大叔們最後如此結論，如果有辦法，誰會選擇流浪？

認識的大哥阿忠和我打了招呼：「欸，我明天要回家。」在這裡聽到「家」時，難免內心一震：是啊，這裡的人還是有家的。即便兩三個禮拜才與家人見上一次面，那仍然是他心中認定的歸屬。

但當問起睡在街上的原因，「家裡太擠啦，你看我睡公園多寬敞舒服。」他開玩笑輕鬆帶過。而背後造成街頭比家中更適合住宿的原因，我們並未多談。或許萬般複雜，也可能難以置信地簡單。無論如何，這自由聽起來都太過沈重。

對照起【睡處】章節的街頭導師勵端所說的那句「家都沒了，哪來的家屬？」沒有家人的地方，便不是家。於是無論在城市的哪個角落，充其量皆只是睡覺的地方。然而人的生命歷經了數十年歲，家人與社群，又是在何時崩解、疏離的呢？

太多迂迴的故事、際遇之下，選擇自願流浪遠走，似乎輕鬆多了。

實際上浪漫不起、輕鬆無法的底層流浪

看似一目了然的街頭，生活其實都細膩地藏在隙縫之中。

人類視角廣度約一百二十四度，視線所及之外，便超出經驗理解範圍。有時，我們彷彿瞥見了一塊小角，便迫不急待地加以延伸，拼湊成形。

從我們認識的無家者聚落日常，或許可窺探到街頭一角的神祕，並稍稍理解異地、本地人眼中的誤差。

凌晨五、六點時，天尚未全亮，睡在戶外的無家們者已從地鋪上醒來，俐落安靜地整理收拾家當。這是與執法人員間的默契，彼此盡量避免因驅趕、執法產生的衝突。

超過七成的無家者是有工作的，但礙於學歷、年齡等限制，大多只能從事臨時、派遣的非典型就業。這些街頭上的生存者須在早晨通車趕往工地或派遣公司報到，而在歷經整日勞力工作下班後，並不能直接回到車站準備歇息，因公共場所有著九點前行李不落地的潛規則，無家者這時通常會將剛領到的工錢買些餐點、飲料，跟認識的人一起吃喝分享。人們在用餐後便推著行李到附近的公園擦澡，或坐在車站外的花圃，靜靜等待

可落腳休息的時刻。而此時放鬆，甚至慵懶的模樣，時常便恰巧被同樣剛下班的你我撞見。

沒有工作的話呢？人們便會帶著自己的包袱，到公園坐上一天，或四處翻找垃圾桶、遊走在巷弄之間，尋覓可用的資源。「我已經不會賺錢了，當然不能再花錢。」為了省下房租、減輕兒子撫養的負擔，這位阿姨決定睡在車站側牆，努力減少開銷。

流動且無法預測是街頭生活真正的日常。許多時候在生病受傷、臨時沒排到工作等等突發因素下，一天便突然空白了一大塊。

真正的生存前輩——芫荽，在指導我們這些初入街頭，慌張的流浪體驗者時，總是一派輕鬆地抽著菸，「不要趕」、「有什麼好趕的？」，他說流浪啊，沒有行程。

無所適從，也只能學習隨遇而安。

「你在這裡待久一點，就會看到人生百態。」芫荽吐出白煙，邊彈菸蒂，邊指向無家者聚集的M公園，「底層社會的人生百態。」

這就是底層社會。一旦落入便使人身體與心理狀態快速塌陷。

街頭沒地方安置家當，使人不敢遠距移動，也難以儲存積蓄與所需；街頭無處遮風避雨保暖，舊病在夜裡復發使得睡眠品質低落，精神昏沈則墊高了次日工作增加新傷的機率；街頭衛生條件欠佳，許多人外型比同年齡者更顯老態，最明顯的特徵是因營養不均、難以清潔下產生的缺牙；街頭放大了絕望，我們不是第一次在聊天過程中，剛好遇到有人正在或準備計畫結束生命。

這樣的底層社會，乍看之下滿是絕境。

與絕境共存：全能街頭生存王

為了適應街頭生活上的種種不穩定與匱乏，無論是否睡在街頭，生存者們各個養成了搜尋免費、便宜資源的高深功力。

筱華是個經驗豐富的生存老手，從食衣住行育樂皆有門路。「參加活動記得待到最後，沒發完的便當可以多外帶幾份呢。」「出門的話可以搭便車呀，」他突然站了起來，示範起搭便車的祕訣：伸出大拇指，身體微微前傾，「記住，要露出微笑。然後如果有人停車的話，動作別太快，會嚇到人的！」待人親和、察言觀色，這是筱華的街頭生存法則。聊到一半，筱華突然塞來兩張傳單，一張是圖書館當月的電影播放清單，另一張則是近期會附贈餐點的法會。我們立即見證了「街上多一個朋友，便少一個麻煩」的不變道理。

但領取免費資源需要花上大把時間：像是排隊等候、參加完活動才能用餐等等。有時得出示弱勢身分證明，資源使用起來常備感壓力，因此有不少人寧願以付費方式，名正言順解決所需。

不僅是日常，生存者們對於工作也累積起一套法則。

跟著街頭導師去應徵派報那天，有位大哥發現隊伍裡出現新手，便又熱心地提醒了大家一次：「（台語）我們只要負責『行』完就好，沒發完沒關係，不要把傳單丟掉，會被罰錢喔。」平安地行完一天，別花太多心力，也別想著要作弊欺瞞。無論是否有家，在街上待久了，看盡百態，也親身感受到各種無常，面對工作時，這裡的工作者們都知道，「平常心」最重要。

「他們比我們想像中要堅強許多。」指導百味團隊做田野紀錄的老師說道。這句話並非合理化大眾普遍的視而不見，而是只要能有更多肯認、得到更多一點機會，街上的人們便可以回歸穩定舒適生活，或至少有所選擇。

儘管曾經失足墜落，生存者仍強韌地活著，等待哪天，再次與這社會產生連結。

生存之餘，匱乏中的娛樂權利

認識了幾個住在網咖的朋友後，我們又逐漸延展視野，參與到街頭生存者艱困日常之外的偷閒時刻。

「喂，那你平常都做些什麼？」閒聊到生活時，在網咖已住上兩三年的金牛突然反問起我。

「做企劃啊，寫文章之類的，有空的時候接些設計案。」

「不是啦！」金牛翻了個白眼，顯然相當不滿意這個答案，「我是問你平常有什麼消遣。」輕鬆的話題卻忽然使我不知所措。這時才驚覺，自己早習慣投注所有時間心力在工作上。

金牛接著說起他跟好友阿成昨天剛去淡水老街玩，但遭逢平常日又下雨，許多店家沒開，讓他們感到相當掃興。「後來我們只好搭船去八里。不好玩啦，但偶爾就是需要像這樣出去走走。」金牛聳聳肩，隨意的註解相當使人玩味。

就算沒什麼閒錢，也需要出去走走。這句話在許多層次上，重新擴寬了我們對於金錢運用的認知：主流價值觀總認為唯有儲蓄才能脫離貧窮，但在底層社會，對於身上只有一包家當的人而言，光是為了奔波尋找資源便花去一日大半時間，任何事物、財產與願望，都是難以積累、持之以恆的。街頭的生存者，比誰都早認清這世代的艱困。要存多久，才租得起房？才能重新擁有家？加上遭遇過許多人未曾體會過的高底起伏，許多生存老手們面對金錢的態度也相當豁達。

街頭上的娛樂五花八門，手頭不寬加上豐富經驗，生存者發展出了各種花小錢便可解決的消遣。例如年長者常喜歡待在露天卡拉OK，一首十元便能用歌聲抒發情感；或點杯低消，可在飲料店看看電視、聊聊天度過一天。年輕人的嗜好則相當多元，打工達人小胖喜歡蒐集鋼彈模型，對每個型號瞭若指掌。平時穩重的網咖住民華哥，竟然因為不想輸給旁邊學生，也學起了打英雄聯盟。「這些學生都沒在讓老人的，很沒品。」他好氣又好笑的說。

【遊樂】章節裡更羅列出生存者們推薦的窮玩方式，有些玩法有趣新奇、有些充滿古早味，而大多數則與你我無異，打打電腦、唱唱歌，我們都在這城市緊繃的氛圍中，試圖探出頭喘口氣，為生活充飽些電力。

而大眾所詬病、導致「墮落沈淪」的菸酒成癮，背後則隱含著【睡處】章節中曾提及的以互惠緊密交流的連結網絡。不知今日過後是否仍有工作、閒錢，相較之下周圍的社群反而更加真實、重要。每口菸酒縱情，皆伴隨著對往日的憤恨，以及明日將至的未知。

在一場分享中，我們曾經詢問聽眾：「為什麼街上不少人會酗酒？」有位小學三年級男生的回答讓所有大人一陣驚嘆：「為了讓自己快樂一點。」

他說是閱讀《小王子》時知道的，故事裡曾出現一位悲傷的酗酒者。我們曾經都能懂的，像個孩子一樣地懂；卻在長大後，被太多煩雜的資訊與事務淹沒，那些同理，甚至是深入追究的好奇心正逐漸被沖離心中。

故事外真實上演的落難人生

過於簡化的故事，使污名化弱勢者與失敗者看似合情合理。你看，誰叫他們不好好掌握自己的命運。是啊，誰叫他們背棄自己的家人子女、染上惡習。好吧，他們或許無辜，但生在破碎的家庭也許是上輩子的欠債吧。於是，視而不見也被合理化了。

然而，儘管人們在成長歷程中，努力融入主流期待、遵循現行體制，卻在磨掉那些屬於自己的稜角後，仍難以得到應許，受困在整個均貧的世代。是的，我們習得各種技能，但鮮少應用在自己的需要上；我們背誦論述，但找不到一種學說能安撫當下徬徨的心；是的，我們幾乎擁有休閒與娛樂，卻因沒時間培養只能跟風。

當使用公共空間，儘管名為公眾共有，我們仍戰戰兢兢。公共，我也被算在內嗎？

若一個失足流落街頭，家人、朋友、以及這個社會，會願意讓我回歸嗎？

儘管我們自認為熟知所有救援管道，當第一次進入街頭，參加流浪體驗營時，仍真實而刺痛地感受到了周圍異樣的眼光，以及整天試圖找份工作做，最後卻徒勞無功的失敗感。種種挫折加總成為面對隔日時的無力，儘管想試圖捍衛睡在騎樓下這個身為市民使用公共空間的基本權利，我們仍只能坐在地上，仰望著巡守隊刺眼的手電筒光源。「是你們自己選擇要這樣的，風險請自己承擔。」隊伍裡一位母親指責我們，而跟在大人身後的小女孩目睹了這一切。

城市看似多元繽紛，人們入場後收到的卻是一張幾乎無所選擇、只有是非題的問卷：你支持拚經濟嗎？產業進步總要有所取捨；有考進前幾志願嘛？學科成績主宰著人年少精華時期的大多資源；夠刻苦耐勞吧？進入職場遇到挫折挺不過去是抗壓性太小；是否會走入一夫一妻的家庭？這才夠符合期待，足以讓「優秀的」血脈傳承；遇到社會議題會保持理性中立嗎？最上策是默不作聲避免衝突。最後，在這社會生存的本質，到底適合誰了？

萬物皆有裂縫，那是光透入的契機

儘管城市中因過度擠壓，充滿使人失足的裂縫；棲息於裂縫之中的生存者，卻也散發著少為人知緩緩的柔光。

街頭的生存法則看似錯綜複雜，其實，不過是將人抽離既有的價值觀——如同進入一片原始叢林般，以更接近本性的方式，重新學習、探索生存必備要素。維持這片都市叢林平衡協調的，並非法律，反倒是人與人的真實關係與互動：生存者彼此、生存者與在地社群，以及生存者與執法單位，彼此間所互相搭配而成的律動，在開放的街頭每日上演著，或許令唐突闖入的人們無法理解，這樣不是很沒效率、沒保障嗎？但柔軟多樣，富具彈性與變異性，正是身而為人，最初的本性。而這份去除刻板價值觀，純粹以真心本性交流的過程，往往就是柔光的成因。

綜觀這段時間認識的生存者們，在街頭擦身而過時，他們總被誤以為是孤單個體。但只要拉長觀察時間，便可驚奇發現街上人們與周圍環境的互動相當頻繁：例如【社群】章節中街賣頭家小明、小樺與周圍店家的友好情感；網咖店裡幾位無家大哥互相結伴，和夜班店員也彼此熟識；當勵端結束擺攤後，總會幫忙將周圍路人丟的菸蒂、垃圾拾起；以及許多無家者，都有為剛好不在的熟人多要份物資等習慣。

街頭，這個對行人車輛而言只是過場的轉景，生存者卻在此建構出了地下社會，乍看與中產以上階級城市斷裂而平行，雖然主流價值觀所訂下的遊戲規則仍時常存在其中，卻又在不同弱勢狀態之間，磨合、打造出了容納彼此的異質空間。

異托邦發生的，不只留在異托邦

街頭異托邦，這個在城市隙縫被生存者們撐開、引人省思的空間，每一項看似表層現象的資源蒐集，背後都包裹著巨大而複雜的議題：食物分配隱含的過度浪費、水源需求來自於洗除標籤化的壓力、睡處無法久待導致生活難以積累、工作不穩定使人對未來無法期待、而資訊則掌握在人際網絡緊密的社群上，讓人得以在街頭生存的資源，時常也將人綑綁在街頭，難以脫離。

曾經在許多時刻，我們和無家者有所交會，卻因害怕遭到攻擊或不符合禮儀而選擇迴避視線。然而心中長久堆疊的冷漠，卻更加速了連結與求援管道斷裂。

若能在街頭這樣一個為每個人所開放的地方，注入更多選項與關注，承接住絕望的人們，也許街頭就能成為休息、整頓之處，並保有途徑使人有辦法脫離露宿與潦倒。

除了這幾年群眾發起為需要的人爭取休憩空間的台北車站躺坐活動、資訊公開、趣味快閃行動，乃至衝撞體制或進入體制試圖翻轉現況，城市中的 NGO 也開始組織各種行動，包括讓無家者擔任城市導覽員、舉辦流浪體驗營、在街頭與無家者共餐、翻轉街賣商品與印象、以藝術凝聚弱勢者社群、以及進駐老社區的廢棄空間進行實驗活動等等，許多人正努力創造更多大眾與街頭生存者交流的管道，試圖藉此打破過往的種種隔閡。

街頭的地下社會，是這城市產生的裂痕推擠人墜落所致；然而其中有機產生的豐富生態，緩衝了裂痕與谷底的邊界，使微光逐漸凝聚。

唯有隨時反思體制，並不斷探尋突破那道劃分出你我邊界的方法，我們才有機會，也來得及，讓公共空間、資源還諸於眾人，讓每一個人得以平等、多樣地共生共存。每一次跨境都是練習，每一次練習都在建立，建立出更細緻的網絡與更具包容的彈性空間。這面名為社會安全的網，將在每個人與人之間更緊密連結、銜接後，更紮實地接下每個往下墜落的成員。

當產生裂痕之際，我們撐開，一起讓天光透進。

附錄
參考資料

網站

olive 活日本　災地生活可用的設計 https://sites.google.com/site/oliveinchinese/

書籍

城市造反
泰利的街角
素人之亂
從零開始的都市狩獵採集生活
我在底層的生活：當專欄作家化身為女服務生

論文

底層勞動、消費貧窮與都市漫遊者：臺北市街友田野記實
遊民生活狀況調查研究

感謝名單

社團法人芒草心慈善協會
台灣夢想城鄉營造協會
台北市中正萬華區社會局
萬華恩友中心
好管家
自己的容積自己用

推薦參與

台灣夢想城鄉營造協會：畫畫班、木工班志工
芒草心慈善協會：流浪體驗營、街遊
人生百味：石頭湯計畫、人生柑仔店

街頭生存指南

城市狹縫求生兼作樂的第一堂課

作　　者	人生百味
總 編 輯	周易正
責任編輯	楊琇茹
封面設計	三人制創
版型設計	廖韡
內頁插圖	人氣木工
內頁排版	黃鈺茹
印　　刷	釉川印刷

定　　價	280 元
I S B N	978-986-93588-6-6

2023 年 9 月二版四刷

出 版 者	行人文化實驗室
發 行 人	廖美立
地　　址	10049 台北市中正區南昌路一段 49 號 2 樓
電　　話	+886-2-2395-8665
傳　　真	+886-2-2395-8579
網　　址	http://flaneur.tw

總 經 銷	大和書報圖書股份有限公司
電　　話	+886-2-8990-2588

國家圖書館出版品預行編目資料

街頭生存指南：城市狹縫求生兼作樂的第一堂課／人生百味作．一初版．一臺北市：行人文化實驗室，2017.01
144 面；14.8×21 公分
ISBN 978-986-93588-6-6（平裝）

1. 街友 2. 生活指導 3. 臺灣

548.8733　　105023439